PLUSPUNKT DEUTSCH
Leben in Deutschland

KURSBUCH TEILBAND 2

A1.2

Jin | Schote

 Zusatzmaterialien online verfügbar unter
www.cornelsen.de/webcodes. **Code: yidewi**

 Dieses Buch als E-Book nutzen:
Use this book as an e-book:
mein.cornelsen.de

w4ka-sx-uwe4

Symbole

🔊 **2.14** Hörtext in der Page-Player-App oder auf CD

Ü14-15 Verweis auf die passende Übung im Arbeitsbuch

Portfolio

VIDEO Clip 04 Seite 176 Video-Clip in der PagePlayer-App oder auf DVD

interaktive Übungen in der PagePlayer-App

Pluspunkt Deutsch A1.2
Leben in Deutschland

Kursbuch, Teilband 2

Im Auftrag des Verlags erarbeitet von Friederike Jin und Joachim Schote
Video-Drehbuch und Übungen zum Video von Dagmar Giersberg

Redaktion:	Friederike Jin und Laura Nielsen
	Gertrud Deutz (Redaktionsleitung)
Redaktionelle Mitarbeit:	Dieter Maenner
Bildredaktion:	Katharina Hoppe-Brill, Claudia Groß, Anna Koltermann, Laura Nielsen
Unter besonderer Mitwirkung von:	Georg Krüger (Berlin)
Beratende Mitwirkung:	Lada Bormotov (Frankfurt am Main), Verena Paar-Grünbichler (Graz)
Illustrationen:	Christoph Grundmann

Umschlaggestaltung, Layout und technische Umsetzung: finedesign Büro für Gestaltung, Berlin
Basierend auf Pluspunkt Deutsch von: Friederike Jin und Joachim Schote

www.cornelsen.de

Die Webseiten Dritter, deren Internetadressen in diesem Lehrwerk angegeben sind, wurden vor Drucklegung sorgfältig geprüft. Der Verlag übernimmt keine Gewähr für die Aktualität und den Inhalt dieser Seiten oder solcher, die mit ihnen verlinkt sind.

Soweit in diesem Buch Personen fotografisch abgebildet sind und ihnen von der Redaktion Namen, Berufe, Dialoge und Ähnliches zugeordnet oder diese Personen in bestimmten Situationen dargestellt werden, sind diese Zuordnungen und Darstellungen fiktiv und dienen ausschließlich der Veranschaulichung und dem besseren Verständnis des Buchinhalts.

3. Auflage, 4. Druck 2026
Alle Drucke dieser Auflage sind inhaltlich unverändert
und können im Unterricht nebeneinander verwendet werden.

© 2018 Cornelsen Verlag GmbH, Mecklenburgische Str. 53, 14197 Berlin, E-Mail: service@cornelsen.de

Das Werk und seine Teile sind urheberrechtlich geschützt.
Jede Nutzung in anderen als den gesetzlich zugelassenen Fällen bedarf der vorherigen schriftlichen Einwilligung des Verlages.
Hinweis zu §§ 60 a, 60 b UrhG: Weder das Werk noch seine Teile dürfen ohne eine solche Einwilligung an Schulen oder in Unterrichts- und Lehrmedien (§ 60 b Abs. 3 UrhG) vervielfältigt, insbesondere kopiert oder eingescannt, verbreitet oder in ein Netzwerk eingestellt oder sonst öffentlich zugänglich gemacht oder wiedergegeben werden.
Dies gilt auch für Intranets von Schulen und anderen Bildungseinrichtungen.

Der Anbieter behält sich eine Nutzung der Inhalte für Text- und Data-Mining im Sinne § 44 b UrhG ausdrücklich vor.

Druck: Livonia Print, Riga
ISBN: 978-3-06-120770-0
978-3-06-120785-4 (E-Book)

PEFC zertifiziert
Dieses Produkt stammt aus nachhaltig bewirtschafteten Wäldern und kontrollierten Quellen.
www.pefc.de
PEFC/12-31-006

Vorwort

Liebe Deutschlernende, liebe Deutschlehrende,

PLUSPUNKT DEUTSCH – *Leben in Deutschland* ist ein Grundstufenlehrwerk für Erwachsene ohne Deutsch-Vorkenntnisse. Es ist besonders geeignet für Lernende, die sich im deutschen Alltag zurechtfinden wollen.

PLUSPUNKT DEUTSCH – *Leben in Deutschland* setzt die Kannbeschreibungen des Gemeinsamen europäischen Referenzrahmens konsequent um und orientiert sich eng an den Vorgaben des Rahmencurriculums für Integrationskurse. Das Lehrwerk führt zum *Deutsch-Test für Zuwanderer*.

Das **Kursbuch** enthält sieben Einheiten sowie zwei fakultative Stationen. Im Vordergrund stehen Themen des alltäglichen Lebens und ihre sprachliche Bewältigung. Jede Einheit enthält eine Doppelseite *Sprechen aktiv* mit Sprechübungen zur Automatisierung. Die abschließende Seite *Gewusst wie* fasst die wichtigsten Redemittel und grammatischen Strukturen übersichtlich zusammen. Die fakultativen zweiseitigen *Stationen* bieten eine spielerische Wiederholung des Gelernten und in Station 4 eine Doppelseite zum Handlungsfeld „Diversität und Interkulturalität".

Im Anhang am Ende des Kursbuchs finden Sie
- Phonetikübungen, die den einzelnen Einheiten zugeordnet sind,
- Videoseiten für die vertiefende Arbeit mit den elf Videoclips,
- die Hörtexte, die alphabetische Wortliste, sowie eine Liste der unregelmäßigen Verben.

Die Hörtexte und Phonetikübungen aus dem Kursbuch sowie alle Video-Clips mit Spielszenen zu den Themen der Einheiten finden Sie in der kostenlosen **PagePlayer-App.** Alternativ gibt es separate **Audio-CDs** und eine **Video-DVD.**

Das **Arbeitsbuch,** zu dem es eine **Lerner-Audio-CD** gibt, unterstützt die Arbeit mit dem Kursbuch. Es enthält ein umfangreiches Übungsangebot. Ein besonderes Plus sind die vier Seiten zur Wortschatzarbeit mit einem Bildlexikon, Übungen und Lerntipps. Im Anhang des Arbeitsbuches finden Sie eine systematische Zusammenfassung der Grammatik.

Die **Handreichungen für den Unterricht** enthalten Tipps für den Unterricht, Vorschläge für Differenzierungsmaßnahmen sowie Kopiervorlagen, Diktate und Tests.

Der **digitale Unterrichtsmanager (UMA)** ermöglicht die Vorbereitung des Unterrichts am PC/Laptop sowie den Einsatz des Kursbuchs im Unterricht mit dem Whiteboard oder Beamer. Unter www.cornelsen.de/webcodes finden Sie weitere Zusatzmaterialien.

Viel Spaß und Erfolg mit **PLUSPUNKT DEUTSCH** – *Leben in Deutschland* wünschen Ihnen Autoren und Verlag

 Mit der PagePlayer-App, die Sie kostenlos in Ihrem App-Store herunterladen können, haben Sie die Möglichkeit, alle Audios und Videos auf Ihr Smartphone oder Tablet zu laden. So sind alle Inhalte überall und jederzeit offline griffbereit.

Alternativ finden Sie diese im Webcodeportal unter **www.cornelsen.de/codes**

 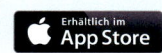

Inhalt

	Sprachhandlung	Grammatik
1 Willkommen! 	• sich vorstellen und nach Namen und Herkunft fragen • buchstabieren • sich begrüßen und sich verabschieden • zählen • nach der Handynummer fragen und die Handynummer sagen • nach dem Beruf fragen	• Alphabet • Aussagesätze • Fragepronomen (*Wer? Wie? Woher? Was?*) • Verben im Präsens (*ich, du, wir, ihr, Sie*) • formelle und informelle Anrede (*du* oder *Sie?*)
2 Alte Heimat, neue Heimat 	• über Länder und Kontinente sprechen • Personen vorstellen • nach Gegenständen fragen und Gegenstände benennen • persönliche Angaben machen (Handynummer, Adresse, E-Mail-Adresse)	• Verben im Präsens (*er, sie, es, sie*) • bestimmter und unbestimmter Artikel • Nomen im Singular und Plural • W-Fragen
3 Häuser und Wohnungen 	• über Wohnungen und Möbel sprechen • die Wohnsituation beschreiben • Wohnungsanzeigen verstehen	• Ja/Nein-Fragen • Akkusativ: bestimmter und unbestimmter Artikel • Negation mit *kein* • Personalpronomen im Nominativ
4 Familienleben 	• über die Familie sprechen • über Freizeitaktivitäten sprechen • eine Stadtbesichtigung planen • über die eigene Stadt berichten • über Vergangenes sprechen	• Possessivartikel (*mein, dein, sein, ihr, Ihr*) • Zeitadverbien im Satz (*zuerst, dann, danach*) • Verben mit Vokalwechsel • Präteritum von *sein* und *haben*
Station 1	**Wiederholen:** Kommunikation im Kurs – Spiel: Drei in einer Reihe	
5 Der Tag und die Woche 	• über Freizeit und Hobbys sprechen • nach der Uhrzeit fragen und antworten • einen Tagesablauf beschreiben • einen Wochenplan beschreiben • sich verabreden	• trennbare Verben • *gehen* + Infinitiv • Zeitangaben im Satz • temporale Präpositionen (*um, bis, von ... bis*)
6 Guten Appetit! 	• über Lebensmittel sprechen • Einkaufsdialoge führen • nach Preisen fragen • sagen, was man gerne isst und trinkt • einen Text über Essgewohnheiten in Deutschland verstehen und über Essgewohnheiten im Heimatland sprechen	• Imperativ • *möchten* und *mögen* • *gern / nicht gern* • unpersönliches Pronomen *man*
7 Arbeit und Beruf 	• über Beruf und Arbeit sprechen • ein Überweisungsformular ausfüllen • den Tagesablauf beschreiben • einen Termin vereinbaren	• Modalverben *können, müssen, wollen* • Dativ: bestimmter und unbestimmter Artikel • Präpositionen mit Dativ (*aus, bei, mit, nach, von, vor* [temporal, *zu*])
Station 2	**Wiederholen:** Dialoge spielen – Wörter in Wortfeldern lernen	

Themen und Texte	Rahmencurriculum/Referenzrahmen*	Seite
- Kennenlerngespräche - Zahlen bis 20 - Beruf	- Kann Kontakt aufnehmen. - Kann sich vorstellen. - Kann jemanden ansprechen. - Kann die Anredeform klären. - Kann Gespräche und Begegnungen adäquat beenden. - Kann fragen, wie es einer Person geht.	
- Länder und Kontinente - Nationalität und Sprachen - Gegenstände im Kursraum - Zahlen ab 20 - Kindergartenplatz - Texte: Magazintext, Visitenkarte	- Kann andere Personen vorstellen. - Kann über seine/ihre Herkunft sprechen. - Kann sagen, welche Sprache(n) er/sie spricht. - Kann persönliche Angaben machen. - Kann sich nach Betreuungseinrichtungen erkundigen.	
- Wohnung und Einrichtung - Farben - ein Mehrfamilienhaus - Abkürzungen - Texte: Blogtexte, Wohnungsanzeigen	- Kann ausdrücken, inwieweit ihm/ihr etwas gefällt oder missfällt. - Kann grundlegende, einfache Informationen zu Produkten erfragen. - Kann Anzeigen relevante Informationen entnehmen. - Kann die wichtigsten Abkürzungen in Wohnungsanzeigen verstehen.	
- Verwandtschaftsbezeichnungen - Freizeitaktivitäten - Sehenswürdigkeiten - Familien früher - Texte: Poster, Radiointerview	- Kann die eigene Familie beschreiben. - Kann gemeinsame Aktivitäten vereinbaren. - Kann über die eigene Freizeit sprechen.	
- Freizeitaktivitäten - Uhrzeiten, Tageszeiten - Wochentage - Texte: Terminkalender	- Kann sagen, was er/sie an einem normalen Tag macht. - Kann ausdrücken, wie er/sie zu einem Vorschlag des Gesprächspartners / der Gesprächspartnerin steht. - Kann etwas ablehnen. - Kann, auch telefonisch, auf einfache Fragen zu Ort und Zeit Auskunft geben.	
- Lebensmittel - Verpackungen - Einkaufssituationen - Texte: Blog	- Kann Neigungen ausdrücken. - Kann gut verständlich Zahlenangaben machen, z.B. Preise wiederholen, Größen angeben. - Kann Einkaufsdialoge führen.	
- Berufe - Arbeitsalltag - Bankgeschäfte - Texte: Magazintext	- Kann um Unterstützung bitten. - Kann wichtige Formulare im Zahlungsverkehr ausfüllen. - Kann einfach und klar wichtige Auskünfte geben, z.B. dass er/sie einen bestimmten Job ausüben möchte. - Kann bei der Bedienung von Automaten die erforderlichen Daten eingeben. - Kann einem Kontoauszug wesentliche Informationen entnehmen.	

*Rahmencurriculum für Integrationskurse / Gemeinsamer Europäischer Referenzrahmen

Inhalt

	Sprachhandlung	Grammatik
8 Gute Besserung! 	• über Krankheiten und Ärzte sprechen • einen Termin beim Arzt machen • eine Entschuldigung schreiben • einen Notruf tätigen	• Modalverb *sollen* • Pronomen im Akkusativ
9 Wege durch die Stadt 	• über Verkehrsmittel sprechen • eigene Wege durch die Stadt beschreiben • nach dem Weg fragen und Antwort geben • Verkehrsregeln beschreiben	• lokale Präpositionen mit Dativ (*in, an, auf, über, unter, vor, hinter, neben, zwischen*) • Modalverb *dürfen*
10 Mein Leben 	• über das frühere Leben sprechen • über Alltagsaktivitäten sprechen • von einer Reise erzählen	• Perfekt • Präposition *seit* + Dativ
11 Ämter und Behörden 	• über Ämter und Behörden sprechen • ein Formular verstehen • das Datum nennen • um Hilfe bitten und auf Bitten reagieren • Fragen stellen und etwas erklären • sich bedanken	• Personalpronomen im Dativ • Ordinalzahlen • Präposition *für* + Akkusativ
Station 3	**Wiederholen:** Wörterspiel – Phonetikspiel – Grammatikspiel – Würfelspiel: Vom Start zum Ziel	
12 Im Kaufhaus 	• über Kleidung sprechen • Einkaufsdialoge im Kaufhaus führen • über Einkaufsmöglichkeiten sprechen • sich im Kaufhaus orientieren	• Adjektive vor Nomen mit bestimmtem Artikel • Fragewort *welch-* • Komposita
13 Auf Reisen 	• über Landschaften und Reisen sprechen • eine Fahrkarte kaufen und nach Informationen fragen • einen Reiseblog verstehen • über das Wetter, die Jahreszeiten und das Klima sprechen • etwas vergleichen	• Präpositionen mit Akkusativ (*für, um, durch*) • Komparativ • Pronomen *es* (*es regnet, es gibt* …)
14 Zusammen leben 	• beschreiben, wie man wohnt • Smalltalk machen • über Probleme im Haus sprechen • einen formellen Brief schreiben • über Kinderbetreuung sprechen	• Satzverbindungen mit *aber, denn, und, oder*
Station 4	**Wiederholen:** Dialoge spielen – **Diversität und Interkulturalität:** Über Migration sprechen	

Partnerseiten 158   Phonetik 161   Videoseiten 166   Hörtexte 173   Wortliste 182   unregelmäßige Verben 196

Themen und Texte	Rahmencurriculum/Referenzrahmen*	Seite
· Praxisschilder · Körperteile · Texte: Entschuldigungsschreiben, Merkblatt (Notruf)	· Kann Adressen und Öffnungszeiten von Ärzten erfragen. · Kann Auskünfte zur Person bei der Anmeldung beim Arzt geben. · Kann mitteilen, wie es ihm/ihr geht, und beschreiben, was ihm/ihr wehtut. · Kann im Gespräch mit Ärzten relevante Informationen verstehen. · Kann sich mit einfachen Worten krankmelden. · Kann bei Krankheit eine kurze schriftliche Entschuldigung schreiben. · Kann telefonisch einen Notruf tätigen.	83
· Verkehrsmittel · Orte/Gebäude in der Stadt · Verkehrschilder · Texte: U-Bahn-Plan, Flyer	· Kann Fahrplänen für ihn/sie relevante Informationen entnehmen. · Kann nach dem Weg fragen und das Wesentliche einer Wegbeschreibung verstehen. · Kann einen Weg beschreiben. · Kann Hinweisschildern die wichtigsten Informationen entnehmen.	93
· früheres Leben · Alltagsaktivitäten · Reisen · Jahreszahlen · Texte: Postkarte, Magazintext	· Kann über sich und seine/ihre Situation im Herkunftsland sprechen. · Kann eine einfache Postkarte mit Feriengrüßen schreiben. · Kann Feriengrüße auf einer Postkarte verstehen.	103
· Ämter und Behörden · ein Formular ausfüllen · persönliche Angaben · Texte: Formular, Internetseite	· Kann in einem Formular persönliche Daten eintragen. · Kann nachfragen, wenn er/sie etwas nicht verstanden hat. · Kann jemandem bitten, ihm/ihr beim Ausfüllen eines Formulars zu helfen. · Kann am Informationsschalter gezielt Auskünfte erfragen. · Kann sich über Beratungseinrichtungen informieren, z.B. über Öffnungszeiten, Adresse.	113
		123
· Kleidungsstücke · Geschäfte und Einkaufsmöglichkeiten · Texte: Internetseite, Infotafel	· Kann sagen, wie er/sie alltägliche Dinge findet. · Kann Informationen zu Produkten erfragen (Preis, Größe, Abteilung). · Kann Zahlenangaben machen (Preis, Größe). · Kann Produktinformationen das Wesentliche entnehmen. · Kann im Internet Bestellungen aufgeben und Bestellformulare ausfüllen.	125
· Landschaften · Wetter · Monate · Urlaub · Texte: Reiseblog, Urlaubsprospekt	· Kann am Schalter Informationen (Abfahrtszeiten, Preise) erfragen. · Kann einen Platz reservieren. · Kann relevante Abkürzungen in Fahrplänen verstehen. · Kann Klima und Wetter in Deutschland mit Klima und Wetter in seinem/ihrem Heimatland vergleichen.	135
· Haus und Nachbarschaft · Smalltalk · Kinderbetreuung · Texte: Einladung, formeller Brief	· Kann Nachbarn um Hilfe bitten. · Kann die wesentlichen Informationen einer Mitteilung eines Hausbewohners verstehen (z.B. Einladung zum Hoffest). · Kann einen formellen Brief schreiben. · Kann Bekannten das Du anbieten und kann reagieren, wenn ihm/ihr Bekannte das Du anbieten. · Kann sich nach Betreuungsmöglichkeiten erkundigen.	145
		155

*Rahmencurriculum für Integrationskurse / Gemeinsamer Europäischer Referenzrahmen

Sprache im Kurs

Sprechen Sie.

Hören Sie.

Lesen Sie.

Schreiben Sie.

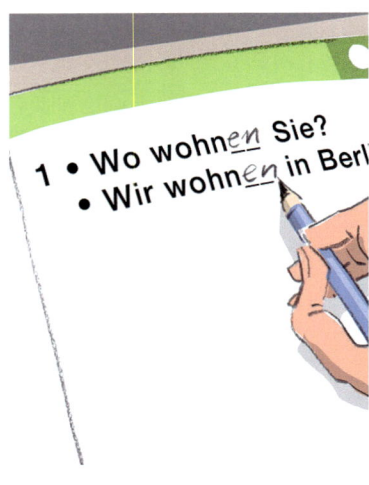
Ergänzen Sie.

Kreuzen Sie an.

Sprechen Sie nach.

Lesen Sie den Dialog zu zweit.

Spielen Sie den Dialog.

Gute Besserung!

Sie lernen
- über Krankheiten und Ärzte sprechen
- einen Termin beim Arzt machen
- eine Entschuldigung schreiben
- einen Notruf tätigen
- Pronomen im Akkusativ
- Modalverb *sollen*

1 a Wo waren Sie schon in Deutschland beim Arzt?
Ü1

> Ich war in Deutschland schon beim Augenarzt.

1 b Ordnen Sie die Praxisschilder den Fotos zu. Wann haben die Ärzte Sprechzeiten?
Ü2 Fragen und antworten Sie.

> Wann hat der Zahnarzt am Montag Sprechzeit?

> Der Zahnarzt hat am Montag von acht bis zwölf Uhr Sprechzeit.

2 Zu welchem Arzt? Sprechen Sie Dialoge und variieren Sie die Wörter in Grün.
Ü3

Zahnschmerzen   Halsschmerzen   Probleme mit den Augen   Bauchschmerzen   Rückenschmerzen

- Wie geht es dir?
- Mir geht es nicht gut. Ich habe Zahnschmerzen.
- Oh nein, dann geh doch zum Zahnarzt.

dreiundachtzig 83

8 A Ein Besuch beim Arzt

1a Hören Sie und kreuzen Sie an: Wann hat Frau Zarda einen Termin?

☐ A heute um 9.00 Uhr   ☐ B am Montag um 9.00 Uhr   ☐ C morgen um 9.00 Uhr

1b Hören Sie noch einmal und lesen Sie mit.

- Praxis Dr. Arslan, Müller am Apparat, guten Tag.
- Guten Tag, mein Name ist Zarda. Ich hätte gern einen Termin.
- Waren Sie schon einmal hier?
- Ja, vor vier Monaten war ich schon einmal bei Ihnen.
- Gut, können Sie am nächsten Montag um 9 Uhr?
- Am Montag? Ja, das geht.
- Sagen Sie bitte noch einmal Ihren Namen.
- Viktoria Zarda, also Z A R D A.
- Gut, Frau Zarda. Dann bis Montag.
- Danke, auf Wiederhören.
- Auf Wiederhören.

1c Lesen Sie den Dialog zu zweit und variieren Sie die Wörter in Grün.

2 Hören Sie zwei weitere Dialoge und notieren Sie die Namen und die Termine.

Dialog 1 Frau .... hat den Termin am .... um .... Uhr.

Dialog 2 Herr .... hat den Termin am .... um .... Uhr.

3a Körperteile. Hören Sie und zeigen Sie die Körperteile auf dem Bild.

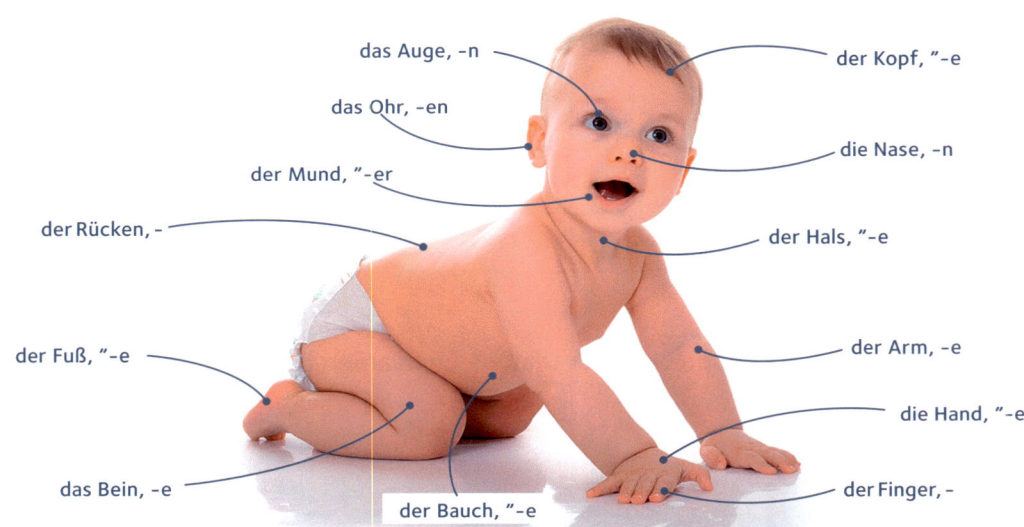

3b Zeigen Sie auf einen Körperteil, der/die andere sagt das Wort.

84 vierundachtzig

4 a **Im Sprechzimmer. Hören Sie zu. Was fehlt Herrn Hristov?**

2.06 Ü7-8

● Guten Tag, Herr Hristov. Was fehlt Ihnen denn?
● Mir geht es schlecht. Ich bin erkältet, ich habe Husten und Schnupfen und mein Kopf tut weh. Und ich habe auch etwas Fieber. Vielleicht habe ich eine Grippe?
● Dann wollen wir mal sehen. Machen Sie bitte den Mund auf. Ihr Hals ist rot. Sie haben eine Erkältung, aber keine Grippe. Trinken Sie viel, am besten Tee, und nehmen Sie Halstabletten und Vitamin C. Bleiben Sie im Bett und schlafen Sie viel. Am Freitag kommen Sie bitte noch einmal zur Kontrolle.
● Vielen Dank, Frau Doktor.
● Auf Wiedersehen und gute Besserung!

4 b **Lesen Sie den Dialog. Was sagt die Ärztin? Sammeln Sie im Kurs.**

Trinken Sie viel Tee.

  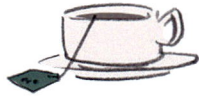  

4 c **Herr Hristov kommt nach Hause und berichtet seiner Frau. Schreiben Sie Sätze wie im Beispiel.**

Ü9-10

1. Die Ärztin sagt, ich soll viel Tee trinken.
2. Die Ärztin sagt, ich soll …

sollen	
ich	soll
du	sollst
er/es/sie/man	soll
wir	sollen
ihr	sollt
sie/Sie	sollen

Ich soll viel Tee trinken.

 **5** **Probleme. Hören Sie das Beispiel. Sprechen Sie dann zu dritt und variieren Sie die Wörter in Grün.**

2.07

● Ich habe Rückenschmerzen. Was soll ich machen?
● Nimm doch Tabletten.
● Was sagt sie?
● Du sollst Tabletten nehmen.
● Ach so, danke. Ja, das mache ich.

1 Rückenschmerzen: Gymnastik machen – nicht schwer tragen – schwimmen gehen
2 Kopfschmerzen: eine Kopfschmerztablette nehmen – Wasser trinken – ruhig im Bett liegen – das Zimmer dunkel machen
3 Bauchschmerzen: wenig essen – im Bett bleiben – Tee trinken

B Gesundheit in Deutschland

1a Lesen Sie die Erklärungen 1–5. Welches Bild passt? Ordnen Sie zu.
Ü11

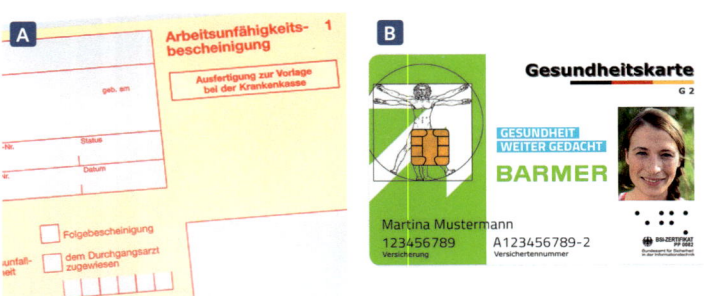

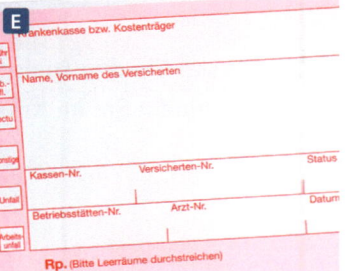

1 ☐ Der Zahnarzt trägt die Zahnkontrollen in das Bonusheft ein. Viele Zahnbehandlungen zahlen die Krankenkassen nicht komplett, aber für die regelmäßige Zahnkontrolle einmal pro Jahr geben sie einen Bonus, das heißt, sie geben mehr Geld.

2 ☐ Die Gesundheitskarte brauchen Sie für den Besuch beim Arzt. Sie bekommen die Karte von der Krankenkasse.

3 ☐ Der Arzt gibt Ihnen eine Krankschreibung. Das Original schicken Sie an Ihre Krankenkasse und die Kopie ist für Ihren Arbeitgeber oder die Schule.

4 ☐ Der Hausarzt schreibt eine Überweisung für das Krankenhaus oder den Facharzt.

5 ☐ Für viele Medikamente brauchen Sie ein Rezept. Mit dem Rezept gehen Sie in die Apotheke. Für die Medikamente müssen Sie oft etwas bezahlen.

1b Lesen Sie die Sätze. Was ist richtig? Korrigieren Sie die falschen Aussagen.

1 Die Gesundheitskarte bekommt man vom Arzt.
2 Mit einem Rezept bekommt man Medikamente.
3 Das Bonusheft braucht man beim Hausarzt.
4 Das Krankenhaus schreibt die Überweisungen für den Hausarzt.
5 Die Krankschreibung gebe ich in der Apotheke ab.

2 Projekt: Suchen Sie im Telefonbuch oder im Internet einen Hausarzt, einen Zahnarzt und einen Augenarzt in Ihrer Nähe und präsentieren Sie Ihre Ergebnisse.

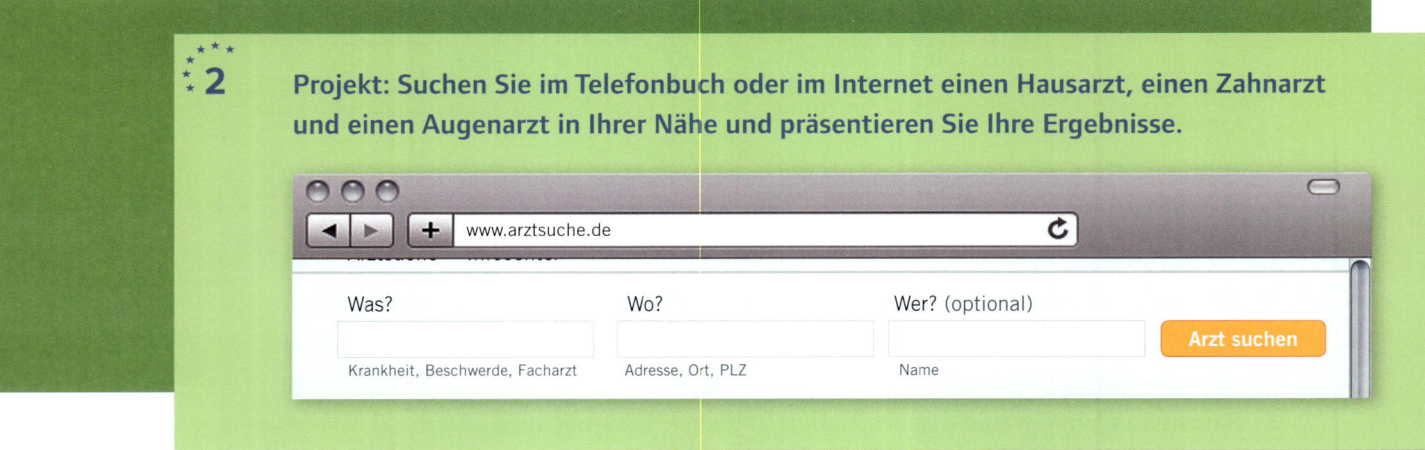

C Mein Kind ist krank

1a Sehen Sie das Foto an. Wer ist krank?

1b Hören Sie und kreuzen Sie an.
Was ist richtig?

2.08

1 Was hat Lena?
- A ☐ Sie hat Kopfschmerzen.
- B ☐ Der Hals tut weh.
- C ☐ Der Bauch tut weh.

2 Was macht sie heute?
- A ☐ Sie geht später zur Schule.
- B ☐ Sie geht nicht zur Schule.
- C ☐ Lena und ihre Mutter gehen sofort zum Arzt.

3 Was macht die Mutter?
- A ☐ Sie holt das Fieberthermometer und misst Fieber.
- B ☐ Sie macht den Fernseher an.
- C ☐ Sie gibt Medikamente.

4 Was hat Lena vielleicht?
- A ☐ Eine Erkältung.
- B ☐ Eine Grippe.
- C ☐ Scharlach.

5 Was macht Alexis?
- A ☐ Er macht einen Tee.
- B ☐ Er nimmt die Entschuldigung in die Schule mit.
- C ☐ Er ruft den Arzt an.

> **Krankschreibung**
> Ein Kind fehlt drei Tage oder länger in der Schule: Sie brauchen eine Krankschreibung vom Kinderarzt.

2 Ergänzen Sie die Entschuldigung für die Schule.
Ü12

> entschuldigen • Grüßen • Fieber • zum Unterricht • Tochter

Sehr geehrter Herr Nolte,   Stuttgart, 08.10.2015

meine _____ Lena kann heute leider nicht _____ kommen. Sie hat _____. Bitte _____ Sie das Fehlen von Lena.

Mit freundlichen _____

Maria Papadaki

3 Ihr Kind ist krank. Was machen Sie? Erzählen Sie im Kurs.
Ü13-15

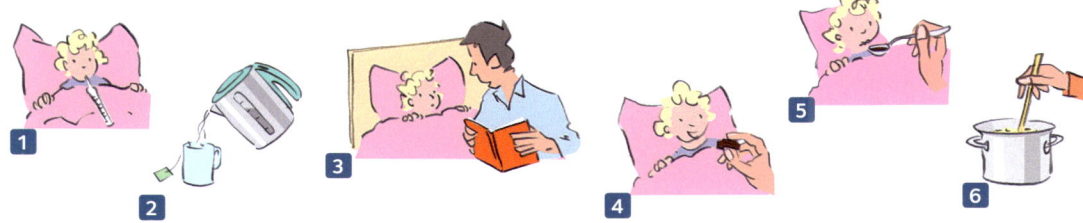

D Im Krankenhaus

1a Lesen Sie den Text und bringen Sie die Bilder in die richtige Reihenfolge.

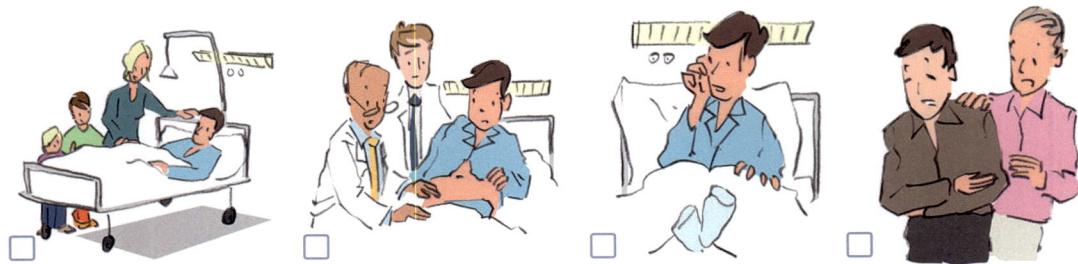

1. Herr Huth hat Bauchschmerzen. Ein Kollege bringt *ihn* zum Arzt. Der Hausarzt untersucht *ihn*: „Sie haben eine Blinddarmentzündung. Sie müssen sofort ins Krankenhaus."
2. Die Ärzte im Krankenhaus untersuchen *ihn* noch einmal und sagen: „Wir müssen *Sie* sofort operieren."
3. Am nächsten Tag geht es Herrn Huth schon besser. Seine Familie besucht *ihn*.
4. Nach fünf Tagen kann Herr Huth wieder nach Hause gehen. Er ruft seine Frau an: „Holst du *mich* morgen ab?" „Ja, klar. Wann soll ich *dich* abholen?" „Am besten um elf Uhr."

Personalpronomen

Nominativ	Akkusativ
ich	
du	
er	
es	es
sie	sie
wir	uns
ihr	euch
sie	sie
Sie	

1b Lesen Sie den Text noch einmal und beantworten Sie die Fragen.

1. Was hat Herr Huth?
2. Wann operieren ihn die Ärzte?
3. Wer besucht ihn?
4. Wann kann er nach Hause gehen?

1c Ergänzen Sie den Grammatikkasten mit den markierten Pronomen im Text.

2 Frau Huth ruft ihren Mann im Krankenhaus an. Sprechen Sie die Minidialoge wie im Beispiel.

1. anrufen • meinen Chef • meine Eltern (Pl.) • meine Schwester • mich jeden Tag

2. brauchen • dein Tablet • deine Uhr • deinen Laptop • deinen Kalender • deine Hausschuhe (Pl.)

Brauchst du dein Tablet? — *Nein, ich brauche es nicht.*

3. mitbringen • den Bademantel • die Tabletten (Pl.) • die Zahnbürste • dein Buch • die Zahnpasta

E 112 – Der Notruf

1 a Lesen Sie das Merkblatt für einen Notruf. Hören Sie dann den Dialog und ordnen Sie die Fragen zu.

- ☐ *1* • Mein Name ist Petrow.
- ☐ • Es gibt hier einen Unfall.
- ☐ • Wo sind Sie?
  • Ich bin in der Bahnhofstraße, Ecke Schillerstraße.
- ☐ • Wie viele Personen sind verletzt?
  • Ich glaube, drei Personen: zwei Frauen und ein Kind.
- ☐ • Wie sind die Personen verletzt?
  • Entschuldigung, ich spreche nicht gut Deutsch. Ich kann es nicht erklären. Bitte kommen Sie schnell, es ist dringend.
  • Ich schicke einen Notarzt. Er kommt in wenigen Minuten.
- ☐ • Bitte legen Sie nicht auf. Sagen Sie mir noch einmal Ihren Namen.
  • Petrow.
  • Und der Vorname?

Merkblatt

Wichtige Regeln für einen Notruf:

Jede/r muss helfen und einen Notruf machen. Sprechen Sie langsam und deutlich. Sprechen Sie nach dem folgenden Schema:

1. Wer ruft an?
2. Was ist passiert?
3. Wo ist der Notfall?
4. Wie viele Personen sind verletzt?
5. Wie ist die Situation?
6. Warten Sie auf Rückfragen!

1 b Sprechen Sie den Dialog zu zweit. Variieren Sie die Wörter in Grün.

2 a Hören Sie einen weiteren Notrufdialog. Welcher Text und welches Bild passen?

- ☐ In einem Haus gibt es Feuer. Es sind keine Personen mehr im Haus, die Hausbewohner stehen auf der Straße. Die Feuerwehr soll schnell kommen.
- ☐ In einem Haus gibt es Feuer. Man sieht eine Frau, vielleicht sind noch mehr Personen im Haus. Die Feuerwehr, ein Krankenwagen und ein Notarzt sollen schnell kommen.

2 b Hören Sie noch einmal und kreuzen Sie an: Richtig oder falsch?

		R	F
1	Das Feuer ist im vierten Stock.	☐	☐
2	Die Adresse ist Bergstraße 15.	☐	☐
3	Herr Hill wohnt im Nachbarhaus.	☐	☐

8 Sprechen aktiv

Wörter sprechen

1 Ordnen Sie zu. Hören Sie dann zur Kontrolle und sprechen Sie nach.
2.11

> das Bonusheft • die Sprechzeiten • die Gesundheitskarte •
> die Tabletten • das Rezept • die Apotheke

 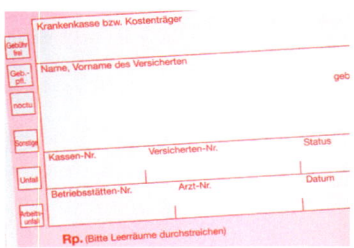 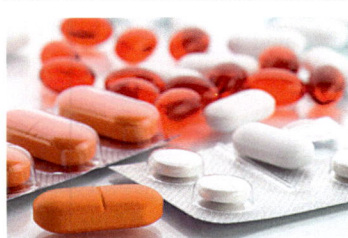

Minidialoge sprechen

2a Hören Sie und ordnen Sie einen passenden Tipp zu.
2.12

☐ Mach doch Gymnastik.
☐ Trink viel Wasser oder Tee.
☐ Nimm eine Kopfschmerztablette.
☐ Geh doch zum Zahnarzt.

2b Hören Sie noch einmal und reagieren Sie.

2c Sprechen Sie zu zweit Minidialoge. Die Wörter im Kasten helfen.

> Probleme mit den Ohren haben • Husten haben • Fieber haben • schlecht sehen

3 Textkaraoke. Ein Notruf. Hören Sie und sprechen Sie die 👄-Rolle im Dialog.
2.13

👂 …
👄 Es gibt hier einen Unfall.
👂 …
👄 Ich bin in der Rheinstraße, Ecke Schillerstraße.

👂 …
👄 Ich glaube, zwei Personen: ein Mann und ein Kind.
👂 …
👄 …

Grammatik sprechen

4 Arbeiten Sie zu zweit. A fragt, B antwortet.

1 • Hast du den Kuli? • Nein, ich habe ihn nicht.
2 • Hast du das Heft? • Nein, ich habe es nicht.
3 • Hast du die Tasche? • Nein, ich habe sie nicht.
4 • Hast du die Hausaufgaben? • Nein, ich habe sie nicht.
5 • Brauchst du den Laptop? • …
6 • Brauchst du das Buch? • …
7 • Brauchst du die Uhr? • …
8 • Brauchst du die Zettel? • …

5 Modalverben üben. Arbeiten Sie zu dritt. Würfeln Sie und sagen Sie die richtige Form. Sprechen Sie dann einen Satz.

Flüssig sprechen

6 Hören Sie zu und sprechen Sie nach.

2.14

Dialogtraining

Corinna   Julia

7a Hören Sie den Dialog. Was hat Julia?
• Alles okay?
• Nein. Mir geht es nicht gut. Ich habe Kopfschmerzen.
• Oje. Soll ich einen Tee kochen?
• Ja, bitte.
• Hast du die Kopfschmerzen schon lange?
• Ja, gestern Abend schon.
• Willst du eine Tablette nehmen?
• Ja, vielleicht. Ich glaube, ich muss heute im Bett bleiben.
• Sag mal, hast du Fieber?
• Ja, das kann sein. Und mein Hals tut auch weh.

7b Sprechen Sie den Dialog zu zweit. Variieren Sie die Wörter in Grün.

VIDEO
Clip 10
Seite 166

8 Gewusst wie

Kommunikation

über Krankheiten sprechen

- Was fehlt Ihnen?
- Ich bin erkältet und habe Halsschmerzen.
- Sie müssen im Bett bleiben und viel Tee trinken.

- Meine Tochter ist krank. Sie hat Fieber und der Kopf tut weh.
- Das tut mir leid. Gute Besserung!

einen Termin beim Arzt machen

- Ich hätte gerne einen Termin.
- Können Sie am nächsten Montag um neun Uhr?
- Ja, das geht.

- Ich habe Zahnschmerzen und möchte schnell einen Termin.
- Kommen Sie heute Nachmittag um 17 Uhr.

eine Entschuldigung schreiben

> Sehr geehrter Herr Müller,　　　　　　　　　　　　　　Köln, 15.04.2015
>
> meine Tochter Sarafina kann heute leider nicht zum Unterricht kommen. Sie ist krank. Bitte entschuldigen Sie das Fehlen von Sarafina.
> Mit freundlichen Grüßen
>
> Stella Lutter

Grammatik

Modalverb *sollen*

	sollen
ich	soll
du	sollst
er/es/sie/man	soll
wir	sollen
ihr	sollt
sie/Sie	sollen

Der Arzt sagt, ich	soll	viel Tee	trinken.
Der Arzt sagt, ich	soll	im Bett	bleiben.
Wann	soll	ich die Tabletten	nehmen?
	Sollst	du zu Hause	bleiben?

Personalpronomen

Nominativ	Akkusativ
ich	mich
du	dich
er	ihn
es	es
sie	sie
wir	uns
ihr	euch
sie/Sie	sie/Sie

Die Ärzte untersuchen de**n** Patienten.
Die Ärzte untersuchen ih**n**.

Brauchst du da**s** Handy?
Brauchst du e**s**?

Ich nehme di**e** Tasche mit.
Ich nehme si**e** mit.

Brauchst du di**e** Hausschuhe?
Brauchst du si**e**?

92　zweiundneunzig

Wege durch die Stadt

das Motorrad
die S-Bahn
die Straßenbahn
der Bus
der Fußgänger
die U-Bahn
das Fahrrad
das Auto
das Flugzeug
der Zug
das Schiff

Sie lernen
- über Verkehrsmittel sprechen
- Wege beschreiben und nach dem Weg fragen
- Verkehrsregeln beschreiben
- lokale Präpositionen
- das Modalverb *dürfen*

1 Sehen Sie die Fotos an. Welche Verkehrsmittel benutzen Sie nie, selten, manchmal, meistens, oft?

Ü1-2

> Ich gehe selten zu Fuß.
>
> Ich fliege manchmal.
>
> Ich fahre oft mit dem Fahrrad.

mit + Dativ
Ich fahre **mit dem** Zug.
　　　　mit dem Auto.
　　　　mit der Straßenbahn.
Ich gehe **zu** Fuß.

2 a Ordnen Sie die Adjektive den Verkehrsmitteln zu.

Ü3

teuer • billig • bequem • unbequem • schnell • langsam • praktisch • gesund

2 b Lesen Sie den Dialog und variieren Sie die Wörter in Grün.

- Fahren Sie gern mit dem Fahrrad?
- Nein, das Fahrrad ist unbequem. Und Sie?
- Ich fahre gerne mit dem Fahrrad. Fahrradfahren ist gesund.

dreiundneunzig 93

9 A Der Weg zur Arbeit

1a Hören Sie. Welcher Dialog passt zu welcher Person?

1b Wege zur Arbeit. Lesen Sie die Texte und ergänzen Sie die Tabelle.

A Mein Name ist Daniel Schmidt. Ich wohne in Peine und arbeite bei der Post in Hannover. Ich brauche morgens fast eine Stunde. Ich gehe zu Fuß zum Bahnhof. Ich fahre zuerst mit dem Zug nach Hannover und dann fahre ich mit der Straßenbahn zum Büro.

B Ich heiße Peter Kim. Ich wohne und arbeite in Berlin. Ich brauche nur 20 Minuten zur Arbeit. Zuerst fahre ich mit dem Fahrrad zur S-Bahn. Dann fahre ich zehn Minuten mit der S-Bahn zur Firma.

	Herr Schmidt	Herr Kim
wohnt in …	Peine	
arbeitet in …		
fährt mit …		
braucht …		

2a Der Weg zur Arbeit von Frau Sander und Herrn Hoppe. Hören Sie und kreuzen Sie an.

Frau Sander benutzt

Herr Hoppe benutzt

2b Hören Sie noch einmal. Wie lange brauchen die beiden Personen zur Arbeit?

3 Ihre Wege. Wie fahren Sie? Wie lange brauchen Sie? Fragen und antworten Sie.

das Schwimmbad — der Kindergarten — das Rathaus — die Bibliothek — der Supermarkt

Wie kommen Sie zum Schwimmbad?

Ich brauche eine halbe Stunde. Ich gehe zu Fuß zur U-Bahn, dann …

B In der Stadt

1 a Mit der U-Bahn fahren. Hören Sie den Dialog und ergänzen Sie die Informationen.

● Entschuldigung, wie komme ich zum Theaterplatz?
● Das ist weit. Sie müssen die U-Bahn nehmen. Hier ist die U-Bahn-Station.
● Ja, und wie muss ich fahren?
● Nehmen Sie die Linie .... Richtung Zoo. Fahren Sie .... Stationen bis zum Hauptbahnhof, dann steigen Sie um. Nehmen Sie die Linie .... Richtung Flughafen. Dann sind es noch .... Stationen und Sie sind am Theaterplatz.
● Danke schön.
● Bitte.

U-Bahn-Station Schillerstraße

1 b Lesen Sie den Dialog und zeichnen Sie den Weg in den U-Bahn-Plan ein.

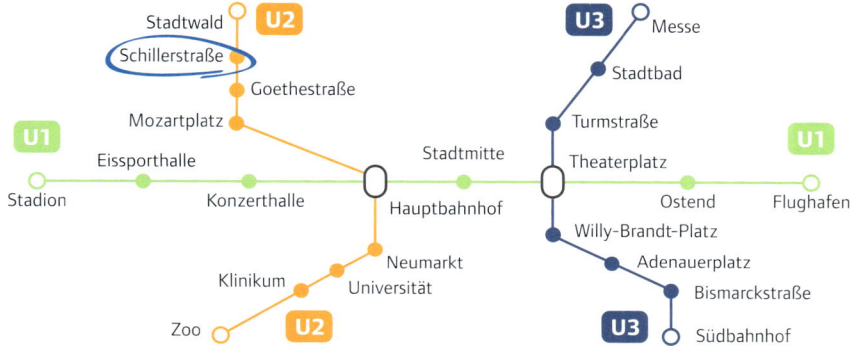

1 c Den Weg beschreiben. Sprechen Sie den Dialog in 1a zu zweit und variieren Sie die Wörter in Grün.

1 (vom) Klinikum → (zur) Stadtmitte
2 (vom) Stadtbad → (zum) Zoo
3 (von der) Eissporthalle → (zur) Bismarckstraße

2 Projekt: Sammeln Sie Informationen über Ihre Stadt und erzählen Sie.

Welche Verkehrsmittel gibt es?

Wo kann man Fahrkarten kaufen?

Was kostet eine Fahrkarte?

Was kostet eine Monatskarte?

fünfundneunzig 95

3a Wo? Sehen Sie das Bild an, lesen Sie den Grammatikkasten und ergänzen Sie die Sätze.
Ü11-14

1 .... der Post ist eine Sprachschule.
2 .... dem Café ist ein Spielplatz.
3 .... dem Platz ist ein Brunnen.
4 .... Bus sind viele Fahrgäste.
5 .... dem Baum steht eine Bank.
6 .... den Bäumen sitzt ein Hund.
7 .... der Haltestelle warten Leute.
8 .... dem Café ist eine Terrasse.
9 .... dem Kino ist eine Drogerie.

Wo? – Präpositionen mit Dativ

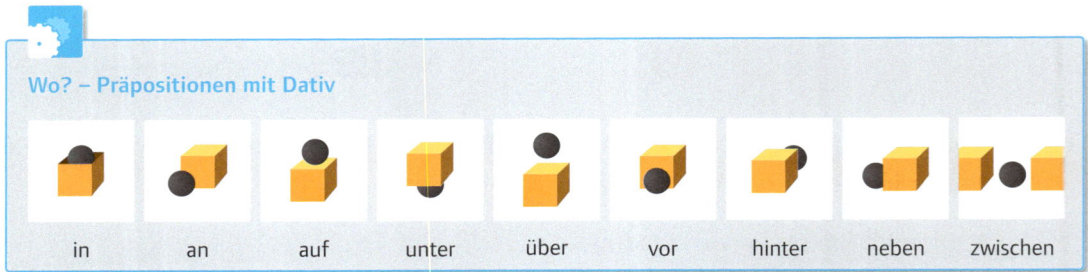

in · an · auf · unter · über · vor · hinter · neben · zwischen

3b Beantworten Sie die Fragen.

> auf der Straße • im Café • in der Werkstatt • im Supermarkt • auf dem Parkplatz • vor dem Supermarkt • an der Ampel • in der Sprachschule

1 Wo ist der Bus?
2 Wo trinken die Leute Kaffee?
3 Wo arbeitet der Kfz-Mechaniker?
4 Wo kaufen die Leute ein?
5 Wo parken die Autos?
6 Wo kann man Deutsch lernen?

4 Lesen Sie den Dialog zu zweit. Variieren Sie die Wörter in Grün.

- Hallo, Martin, wo seid ihr?
- Wir stehen vor dem Supermarkt. Wo bist du?
- Ich bin mit Laura auf dem Spielplatz.
- Ach so. Ich komme, ich bin gleich da.

in dem = im
an dem = am

5 a Einladung. Hören Sie den Dialog und kreuzen Sie an: Was möchten Gabrielle, Anton und Sebastian machen?

A ☐ Kaffee trinken und Kuchen essen
B ☐ am Fluss spazieren gehen
C ☐ Kaffee trinken und im Park spazieren gehen

5 b Hören und lesen Sie noch einmal und zeichnen Sie den Weg in den Plan.

● Wo wohnst du?
● Gleich hier in der Nähe, das könnt ihr ganz einfach finden. Geht hier von der Sprachschule die Straße nach links, immer geradeaus. Die zweite Straße geht ihr nach rechts bis zur nächsten Kreuzung, dann sofort wieder nach links. Mein Haus ist auf der linken Seite, gleich rechts neben der Bäckerei und gegenüber vom Bahnhof.

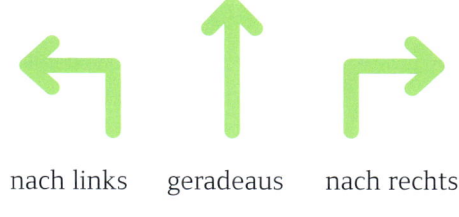

nach links   geradeaus   nach rechts

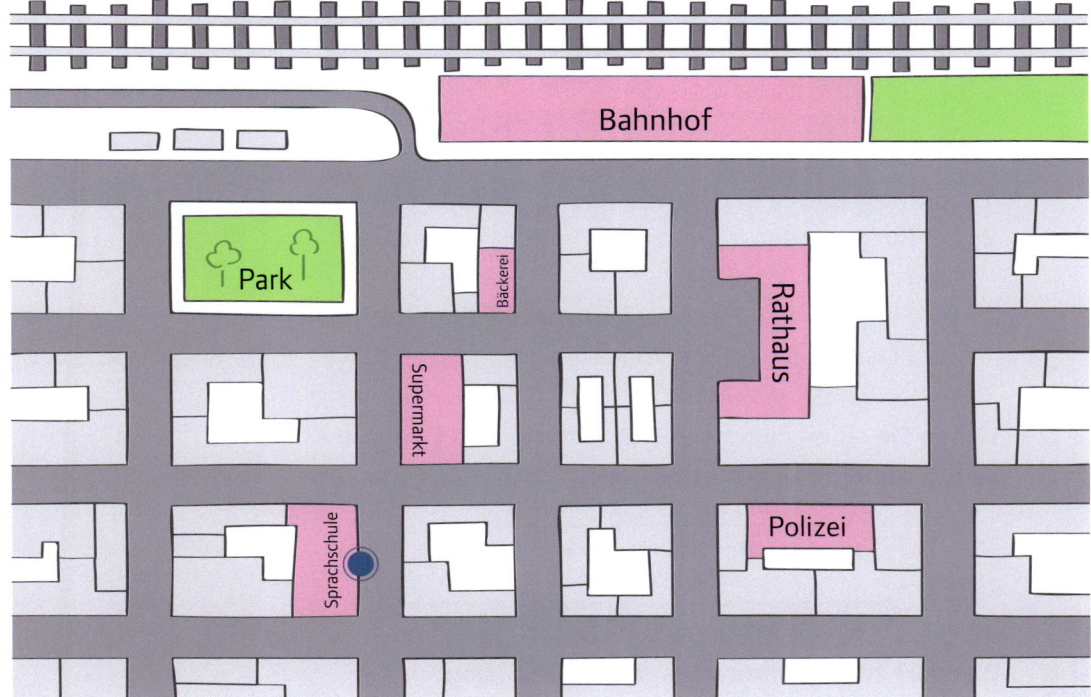

5 c Hören Sie die Dialoge und zeichnen Sie die Wege in den Plan.

6 Zeichnen Sie ein Haus in den Plan. Beschreiben Sie den Weg. Ihr Partner / Ihre Partnerin zeichnet den Weg in den Plan.

> Besuch mich doch mal.

> Ja, gern. Wo wohnst du?

C Der Führerschein

1a Lesen Sie den Text und korrigieren Sie die Sätze 1–3.

Anerkennung ausländischer Führerscheine

- Sie sind nur für kurze Zeit in Deutschland, zum Beispiel als Tourist für vier Wochen? Dann dürfen Sie mit dem Führerschein aus Ihrem Heimatland in Deutschland Auto fahren.

- Sie leben in Deutschland und kommen aus einem anderen EU-Staat? Dann dürfen Sie Ihren Führerschein in Deutschland weiter benutzen.

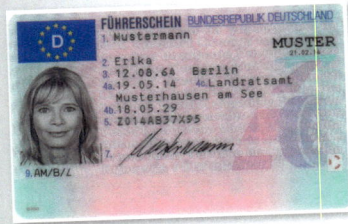

- Sie kommen zum Beispiel aus Brasilien, Indien oder China? Dann dürfen Sie maximal sechs Monate mit dem Führerschein aus Ihrem Heimatland in Deutschland Auto fahren. Danach müssen Sie die theoretische und die praktische Führerscheinprüfung machen. Dann dürfen Sie in Deutschland weiter Auto fahren.

1 Touristen dürfen in Deutschland nicht Auto fahren.
2 EU-Bürger dürfen in Deutschland ohne Führerschein fahren.
3 Die Behörden in Deutschland erkennen Führerscheine aus Brasilien, Indien oder China an.

dürfen

ich	darf
du	darfst
er/es/sie/man	darf
wir	dürfen
ihr	dürft
sie/Sie	dürfen

Ich darf hier Auto fahren.

1b Haben Sie einen Führerschein? Dürfen Sie in Deutschland Auto fahren? Erzählen Sie.

> Ich darf jetzt noch nicht Auto fahren. Ich muss noch …

2a Ü17-20 Wer darf zuerst fahren? Lesen Sie den Dialog. Was ist richtig? Kreuzen Sie an.

- Wer darf zuerst fahren?
- ☐ Ich glaube, der Traktor hat Vorfahrt. Er kommt von rechts.
- ☐ Nein, die Straßenbahn und ich haben Vorfahrt. Wir haben ein Vorfahrtschild. Die Straßenbahn darf zuerst fahren, dann darf ich fahren. Der Traktor muss warten.

2 b Schilder. Was darf man hier (nicht), was muss man tun? Schreiben Sie Sätze.

Ü20

parken • anhalten • rechts abbiegen • links abbiegen •
geradeaus fahren • hupen • weiterfahren • 30 fahren • blinken •
um die Ecke fahren • langsam fahren • Vorfahrt achten

*Bei Schild vier darf man nicht geradeaus fahren.
Man muss rechts abbiegen.*

2 c Wer hat Vorfahrt? Wer darf zuerst fahren? Fragen und antworten Sie.

das Auto • der Bus • das Fahrrad • das Motorrad • der Lkw

Wer hat Vorfahrt? Was meinst du?

Ich glaube, das Auto …

3 Kinder im Straßenverkehr. Lea hatte heute in der Schule Verkehrsunterricht. Hören Sie das Gespräch und ergänzen Sie die Zahlen.

2.23

1 Kinder bis .... Jahre müssen auf dem Bürgersteig fahren.

2 Kinder mit .... Jahren dürfen auf dem Bürgersteig fahren.

3 Kinder mit .... Jahren dürfen auf der Straße fahren.

4 Kinder ab .... Jahren müssen auf der Straße fahren.

9 Sprechen aktiv

Wörter sprechen

1 a Hören Sie, sprechen Sie nach und zeigen Sie das passende Foto.

1 b *Oft, manchmal, selten, nie.* Arbeiten Sie zu zweit. Sprechen Sie wie im Beispiel.

- Foto 3.
- Ich fahre oft mit der S-Bahn. Foto 5.
- Ich fliege selten …

Minidialoge sprechen

2 Fragen und antworten Sie. Variieren Sie die Dialoge.

> der Zoo • der Bahnhof • das Rathaus • das Schwimmbad

> nach rechts • nach links • geradeaus

- ● Entschuldigung, ich suche den Bahnhof.
- ● Der Bahnhof ist nicht weit. Gehen Sie immer geradeaus.
- ● Vielen Dank.

- ● Entschuldigung, wo ist der Zoo?
- ● Das weiß ich leider auch nicht.

3 Was bedeuten die Schilder? Sprechen Sie wie im Beispiel.

> parken • geradeaus fahren • links abbiegen • Eis essen • 50 fahren • mit dem Handy telefonieren • rechts abbiegen • mit dem Fahrrad fahren • zu Fuß gehen

- Darf ich hier parken?
- Ja, Sie dürfen hier parken.

Grammatik sprechen

4 Wer oder was ist wo? Arbeiten Sie zu zweit. Fragen und antworten Sie wie im Beispiel.

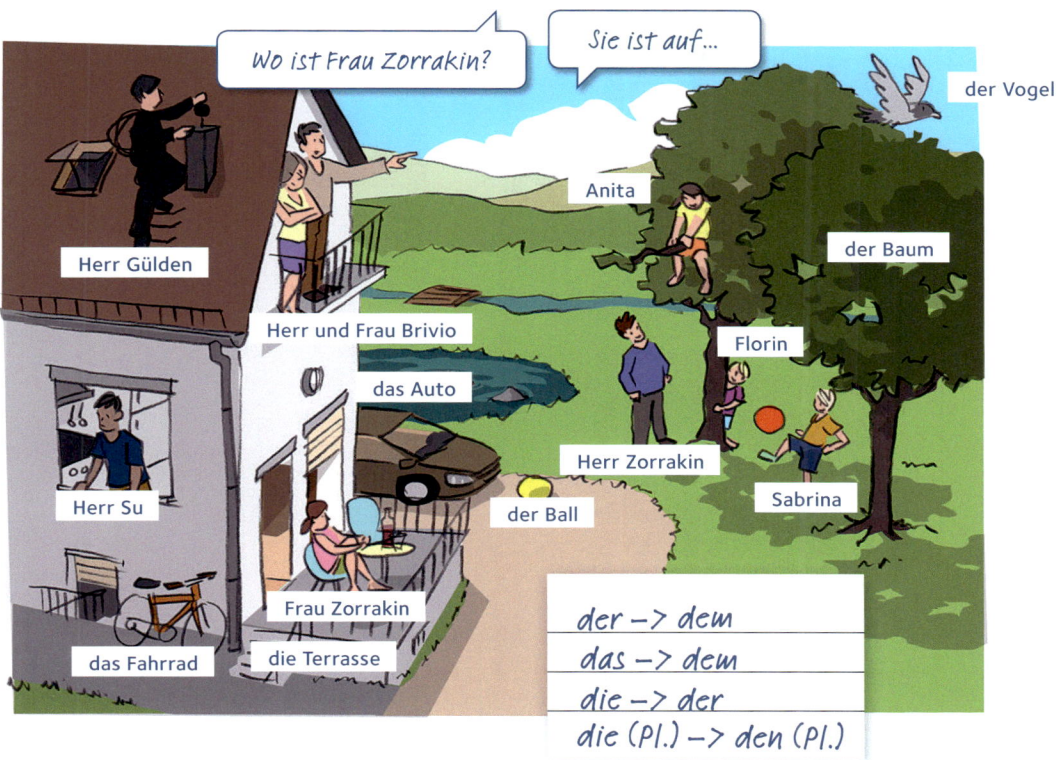

der → dem
das → dem
die → der
die (Pl.) → den (Pl.)

Flüssig sprechen

5 Hören Sie zu und sprechen Sie nach.

2.25

Dialogtraining

Clip 13
Seite 167

6a Hören Sie den Dialog und lesen Sie mit.

2.26

- Kennst du den Thailänder auf der Hagenauer Straße?
- Nein.
- Das ist nicht weit. Das kannst du ganz einfach finden. Wie kommst du? Zu Fuß?
- Nein, ich nehme das Fahrrad.
- Ja, das ist gut, dann brauchst du nur 10 Minuten. Du fährst die Hufelandstraße bis zur Greifswalder Straße. Dort fährst du an der Kreuzung rechts und dann die nächste Straße links. Dann bist du in der Christburger Straße. Dann fährst du geradeaus. An der vierten oder fünften Kreuzung ist auf der rechten Seite eine Bäckerei. Da stehe ich und warte.
- Alles klar. Ich komme!

6b Sprechen Sie den Dialog zu zweit. Variieren Sie dreimal.

A Sie sind 25 Jahre alt. B Sie sind 65 Jahre alt. C Sie sind 15 Jahre alt.

9 Gewusst wie

Kommunikation

den Weg zur Arbeit beschreiben

- Wie kommen Sie zur Arbeit?
- Ich fahre mit dem Bus zur Arbeit.
  Ich brauche eine halbe Stunde.
- Ich gehe zu Fuß zur U-Bahn, dann
  fahre ich zehn Minuten mit der U-Bahn.

Regeln im Straßenverkehr

Der Bus hat Vorfahrt.
Hier darf man nicht parken.
Kinder bis zehn Jahre dürfen nicht mit
dem Fahrrad auf der Straße fahren.
Mit einem Führerschein aus China darf man
in Deutschland sechs Monate Auto fahren.

den Weg beschreiben und nach dem Weg fragen

- Entschuldigung, wie komme ich zum Krankenhaus?
- Nehmen Sie die U-Bahn Linie 1 Richtung Flughafen.
  Fahren Sie drei Stationen bis zum Hauptbahnhof.
  Dann müssen Sie in die Linie 2 Richtung Zoo umsteigen.
  Dann sind es noch drei Stationen und Sie sind am Krankenhaus.

- Wie komme ich zur Schlossstraße?
- Geh die Straße nach links / nach rechts / geradeaus.
  An der ersten/zweiten/dritten Kreuzung nach links / nach rechts.
  Dann (sofort) wieder nach rechts / nach links.

Grammatik

mit + Dativ

Ich fahre **mit dem** Auto, **mit dem** Bus,
mit der U-Bahn, **mit dem** Schiff.
Ich fliege **mit dem** Flugzeug.
(!) Ich gehe **zu** Fuß.

Wo? – Präpositionen mit Dativ:
in, an, auf, unter, über, vor, hinter, neben, zwischen

Im Bus sind viele Fahrgäste.
Die Sprachschule ist **über der** Post.
Auf dem Platz sind Bäume.

in dem → im   an dem → am

Modalverb *dürfen*

dürfen	
ich	darf
du	darfst
er/es/sie/man	darf
wir	dürfen
ihr	dürft
sie/Sie	dürfen

Hier	dürfen	Sie nicht	parken.
Der Bus	darf	zuerst	fahren.
Kinder	dürfen	nicht auf der Straße	fahren.

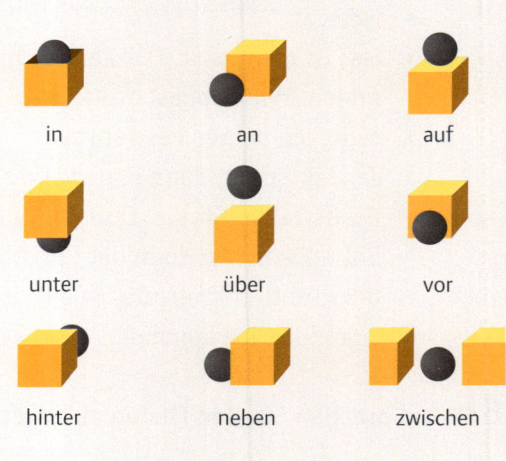

in · an · auf
unter · über · vor
hinter · neben · zwischen

102 einhundertzwei

Mein Leben

1 die Großstadt
2 die Kleinstadt 
3 Familie Schmidt 

Sie lernen

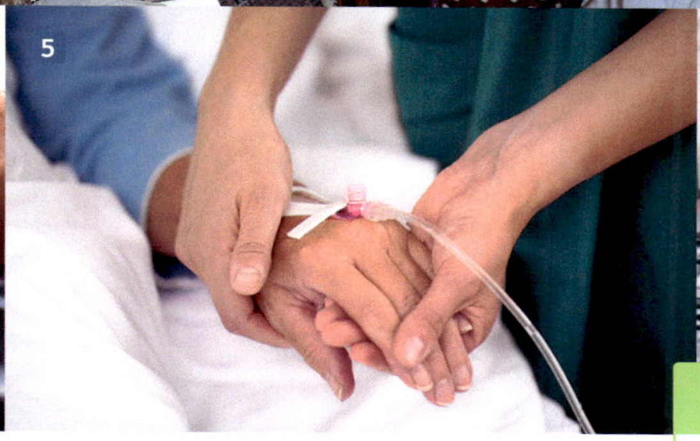

- über Ihr Leben früher sprechen
- über Alltagsaktivitäten sprechen
- von einer Reise erzählen
- Jahreszahlen
- Perfekt
- Präposition *seit* + Dativ

1 a Das Leben von Familie Schmidt. Vermuten Sie. Wo lebt die Familie? Welchen Beruf hat Frau Schmidt?

> Foto 1 ist vielleicht eine Großstadt in Asien. Die Familie lebt vielleicht in ...

1 b 🔊 2.27 Was war früher, was ist heute? Hören Sie das Interview und vergleichen Sie mit Ihren Vermutungen.

> Früher war Frau Schmidt in einer Großstadt. Heute ist sie ...

2 Ü1-3 Und Sie? Was war früher? Was ist heute? Sammeln Sie im Kurs.

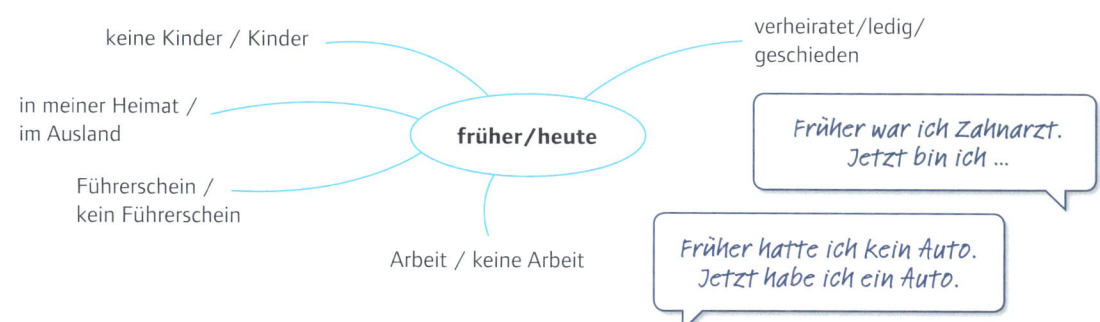

keine Kinder / Kinder

in meiner Heimat / im Ausland

Führerschein / kein Führerschein

Arbeit / keine Arbeit

früher/heute

verheiratet/ledig/ geschieden

> Früher war ich Zahnarzt. Jetzt bin ich ...

> Früher hatte ich kein Auto. Jetzt habe ich ein Auto.

einhundertdrei 103

10 A Gestern und heute

1a Lesen Sie die Sätze und ordnen Sie sie den Bildern zu.

1. Heute räumt er zu Hause auf.
2. Gestern hat sie vom Urlaub geträumt.
3. Heute kaufen sie zusammen auf dem Markt ein.
4. Gestern hat Frau Schmidt alleine gekocht.
5. Gestern hat Herr Schmidt das Büro aufgeräumt.
6. Gestern hat Herr Schmidt im Büro gearbeitet.
7. Gestern hat Frau Schmidt im Supermarkt eingekauft.
8. Heute arbeitet er nicht.
9. Heute kochen sie zusammen.
10. Heute suchen sie im Internet Reiseangebote.

1b Gestern oder heute? Machen Sie eine Tabelle und ordnen Sie die Sätze.

gestern	heute
Gestern hat Herr Schmidt im Büro gearbeitet.	Heute arbeitet …

1c Hören Sie und vergleichen Sie mit der Tabelle. Lesen Sie dann die Sätze zu zweit.

2 Lesen Sie den Grammatikkasten und ergänzen Sie die Partizipien aus 1a.

Perfekt				regelmäßige Partizipien	
Was	hat	Frau Schmidt gestern	gemacht?	**ge…(e)t**	**…ge…t**
Gestern	hat	sie im Supermarkt	eingekauft.	**ge**träum**t**	ein**ge**kauf**t**
				………………………	………………………
				………………………	

3 Regelmäßige Partizipien. Ergänzen Sie die Partizipien und dann die Sätze.

Infinitiv	Partizip			
lernen	*gelernt*	Ich	*habe* gestern viel	*gelernt*.
spielen	…………	Ihr	………… gestern Fußball	………….
reden	…………	Wir	………… viel	………….
hören	…………	Sie	………… am Wochenende viel Musik	………….
abholen	…………		………… Sie die Kinder vom Kindergarten	…………?
kochen	…………		………… ihr schon das Abendessen	…………?
machen	…………		………… du die Hausaufgaben	…………?

4 a Hören Sie und sprechen Sie nach.

2.29

Ich habe eingekauft.
Ich habe gestern eingekauft.
Ich habe gestern im Supermarkt eingekauft.
Ich habe gestern im Supermarkt Obst und Gemüse eingekauft.

4 b Sprechen Sie Sätze wie in 4a.

Ich habe gekocht.   vor drei Tagen • mit einer Freundin • Reis und Gemüse
Er hat gespielt.   am Wochenende • mit seinen Kindern • Karten

5 Fragen und antworten Sie.

eingekauft • gearbeitet •
mit den Kindern gespielt •
Musik gehört • Karten gespielt •
Sport gemacht • Essen gekocht •
Radio gehört •
die Wohnung aufgeräumt •
mit Freunden geredet

Hast du gestern gearbeitet?
Nein, ich habe nicht …
Haben Sie gestern eingekauft?
Ja, ich habe …

B Unterwegs

1 Lesen Sie die Sätze und die Postkarte. Kreuzen Sie an: richtig oder falsch?

		R	F
1	Simone ist in Wien.	☐	☐
2	Markus und Lea sind auch in Wien.	☐	☐
3	Sie haben schon viel gesehen.	☐	☐
4	An den ersten Tagen sind sie früh aufgestanden.	☐	☐
5	Sie sind nach Neusiedl gefahren.	☐	☐

Liebe Claudia,

viele Grüße aus Wien. Ich bin mit Lea zu meinem Bruder gefahren. Markus ist leider nicht mitgekommen. Er muss arbeiten. Wir haben schon viel gemacht. Wir haben den Prater gesehen, wir sind mit dem Schiff auf der Donau gefahren und wir sind spazieren gegangen. Lea ist immer spät eingeschlafen und am Morgen sind wir schon um 7.00 Uhr aufgestanden. Gestern sind wir zu Hause geblieben: Wir waren müde. Lea hat lange geschlafen und auch ich bin erst spät aufgewacht. Dann haben wir bei meinem Bruder gemütlich gegessen und Kaffee getrunken. Morgen wollen wir einen Ausflug nach Neusiedl machen.

Liebe Grüße
Simone

Claudia Novak
Alte Poststraße 17
94036 Passau

2 🔊 2.30 Hören Sie die Nachricht auf dem Anrufbeantworter und ergänzen Sie die Sätze.

> im Moment nicht zu Hause • den Autoschlüssel nicht finden •
> nach Wien kommen und den Schlüssel mitbringen • zu Hause an

1 Simone ruft _____.

2 Sie kann _____.

3 Markus ist _____.

4 Markus soll _____.

3 a Ü9–11 Perfekt mit *haben* oder *sein*. Markieren Sie das Perfekt auf der Postkarte und schreiben Sie die Sätze in eine Tabelle im Heft.

Perfekt mit *sein*	Perfekt mit *haben*
Ich bin mit Lea zu meinem Bruder gefahren.	Wir haben viel gemacht.
Markus ist leider …	Wir haben schon …

106 einhundertsechs

3b Lesen Sie den Grammatikkasten. Machen Sie eine Liste mit den Verben mit *sein* im Perfekt.

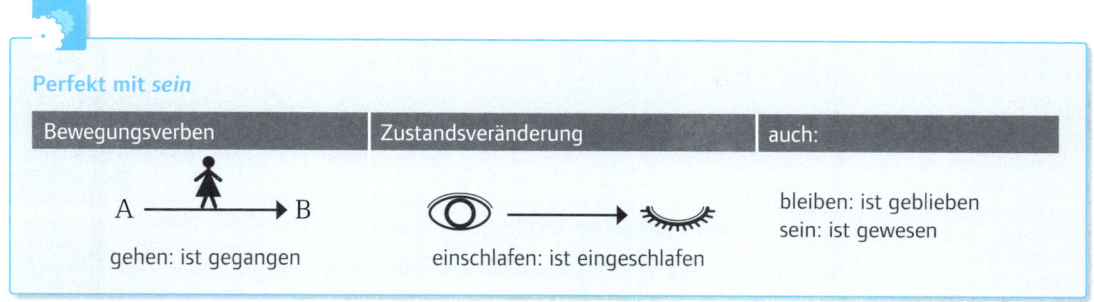

Perfekt mit *sein*

Bewegungsverben	Zustandsveränderung	auch:
A → B	👁 → 💤	bleiben: ist geblieben
gehen: ist gegangen	einschlafen: ist eingeschlafen	sein: ist gewesen

3c Unregelmäßige Partizipien. Wie heißt der Infinitiv? Ergänzen Sie.

.trinken.. getrunken	.... gefahren	.... gesehen
.... gegessen	.... gegangen	.... mitgebracht
.... geschlafen	.... geblieben	.... mitgekommen

unregelmäßige Partizipien

ge…en
schlafen – **ge**schlaf**en**

ge…en + Vokalwechsel
trinken – **ge**trunk**en**

Unregelmäßige Partizipien finden Sie auf den Seiten 196 und 197.

4 Schreiben Sie die Sätze im Perfekt.
Ü13

1 Markus • kommen / Autoschlüssel mitbringen
2 Sie • zusammen nach Neusiedl • fahren
3 Sie • das Schloss in Wien • sehen
4 zum Hotel Sacher • gehen / Sachertorte • essen
5 Simone und Markus • im Kaffeehaus • Kaffee trinken

5 Üben Sie die Partizipien zu zweit.

arbeiten • essen • fahren • gehen •
lesen • lernen • machen • bleiben

> gehen

> Ich bin gegangen.

6 Was haben Sie am letzten Wochenende gemacht? Erzählen Sie.
Ü14

Ich habe …		Ich bin …	
mit der Familie	gegessen	ins Kino	
bei Freunden	getrunken	in einen Club	gefahren
auf dem Markt	eingekauft	nach Hause	gegangen
einen Film	gesehen	zu Freunden	
Karten	gespielt	nach …	

C Mein Leben früher und heute

1a Stationen im Leben von Herrn Soto. Lesen Sie den Text und orden Sie die Fotos zu.

Im Porträt heute: Santiago Soto

☐ Mein Name ist Santiago Soto. Ich komme aus Costa Rica und bin 2004 nach Deutschland gekommen. In Costa Rica habe ich in meiner Kindheit auf dem Land gelebt. Das war sehr schön, aber wir waren sehr arm. Dann habe ich sechs Jahre in der Stadt Miguel gelebt. Ich habe da auf einem Markt Fisch verkauft und dann meinen Beruf (Automechaniker) gelernt.

☐ 2004 bin ich nach Deutschland gekommen. Ich habe zuerst in Stuttgart gewohnt. Am Anfang war es schwer. Ich war allein und meine Frau war noch in Costa Rica. Aber dann habe ich Deutsch gelernt. Ich bin zur Volkshochschule Stuttgart gegangen und habe ein Jahr Deutsch gelernt.

☐ Dann habe ich Arbeit als Taxifahrer gefunden und meine Frau ist auch nach Deutschland gekommen. Jetzt geht es uns gut. Wir haben zwei Kinder und wohnen in einer Kleinstadt in der Nähe von Stuttgart. Ich habe jetzt mein eigenes Taxiunternehmen mit sechs Angestellten und verdiene sehr gut. Meine Frau hat auch eine Arbeit gefunden. Seit zwei Jahren haben wir ein eigenes Haus.

☐ Ich fliege einmal im Jahr zusammen mit meiner Familie nach Costa Rica. Ich möchte meine Familie sehen und meine Kinder sollen unsere Heimat und ihre Verwandten kennen. Das ist sehr wichtig für mich.

1b Lesen Sie noch einmal und beantworten Sie die Fragen.

1 Wo hat Herr Soto in Costa Rica gelebt?
2 Wann ist er nach Deutschland gekommen?
3 Wo hat er in Deutschland zuerst gewohnt?
4 Welche Arbeit hat Herr Soto zuerst gemacht?
5 Seit wann hat er sein Haus?
6 Wie oft fliegt er nach Costa Rica?

2a Schreiben Sie die Jahreszahlen.

Jahreszahlen lesen
1989   neunzehnhundertneunundachtzig
2001   zweitausendeins

1978 ....
1986 ....
1996 .... 2005 ....
2000 .... 2014 ....

2b Hören Sie und sprechen Sie nach.

3a Hören Sie das Interview. Wie findet Frau Soto das Leben in Deutschland?

3b Hören Sie noch einmal und ergänzen Sie die Jahreszahlen.

seit + Dativ
Seit wann ist Herr Soto in Deutschland?
Er ist **seit** 2004 in Deutschland.
Ich bin **seit** einem Jahr in Deutschland.

1   Frau Soto kennt ihren Mann seit ....

2   Herr und Frau Soto haben .... geheiratet.

3   Frau Soto ist seit .... in Deutschland.

4   Sie hat von .... bis .... Deutschkurse gemacht.

5   Sie arbeitet seit .... in einem Supermarkt.

3c Berichten Sie über das Leben von Frau Soto.

4a Ein Interview. Was passt zusammen? Schreiben Sie Fragen. Es gibt viele Möglichkeiten.

	sind Sie nach Deutschland gekommen?
Haben Sie	auf dem Land oder in der Stadt gelebt?
Wo	haben Sie Deutsch gelernt?
Wann	haben Sie früher gelebt?
Wie lange	in Deutschland schon gearbeitet?
Seit wann	wohnen Sie hier in …?
	sind Sie zuletzt in Ihr Heimatland gefahren?

4b Machen Sie ein Interview mit Ihrem Partner / Ihrer Partnerin und berichten Sie im Kurs.

Er hat in einer Kleinstadt gelebt. Die Stadt heißt …

Sprechen aktiv

Wörter sprechen

1 a Welche Verben passen? Sprechen Sie den Infinitiv und das Partizip.

> hat gekocht • hat aufgeräumt • hat geträumt • ist gegangen • hat gehört •
> hat gelesen • hat getrunken • ist eingeschlafen • hat gegessen •
> hat ferngesehen • hat eingekauft • ist gefahren

1 b Hören Sie zur Kontrolle und sprechen Sie nach.
2.33

1 c Sprechen Sie mit jedem Verb einen Beispielsatz im Perfekt.

Minidialoge sprechen

2 Wissen Sie es? Kreuzen Sie an. Fragen und antworten Sie dann.

1. Wann waren die ersten Olympischen Spiele in der Neuzeit?
   ☐ 1892   ☐ 1896   ☐ 1904

2. Seit wann gibt es die Bundesrepublik Deutschland?
   ☐ seit 1949   ☐ seit 1958   ☐ seit 1974

3. Wann war die erste Mondlandung?
   ☐ 1947   ☐ 1961   ☐ 1969

4. Wann war die erste Fußball-Weltmeisterschaft?
   ☐ 1924   ☐ 1930   ☐ 1938

5. Seit wann benutzt man in Deutschland das Telefon?
   ☐ seit 1881   ☐ seit 1911   ☐ seit 1924

6. Wann war Deutschland Fußball-Weltmeister?
   ☐ 1954, 1974, 1994   ☐ 1958, 1974, 1996, 2014
   ☐ 1954, 1974, 1990, 2014

Wann waren die ersten Olympischen Spiele?

Ich glaube, das war ...

die Olympischen Spiele

die Mondlandung

Grammatik sprechen

3 Fragespiel. Richtig oder falsch? Was hat Tereza gestern gemacht? Arbeiten Sie zu zweit. Die richtigen Informationen findet Partner/in B auf Seite 158.

Partner/in A
Das sagt Tereza:

am Morgen um acht Uhr:	die Wohnung aufräumen
am Vormittag:	auf dem Markt einkaufen
um 13 Uhr:	ein Essen kochen
um 15 Uhr:	Wörter lernen
um 16 Uhr:	mit dem Fahrrad zu einem Café fahren
im Café:	nur einen Kaffee trinken
am Abend:	einen Film sehen

Tereza sagt, sie hat morgens um acht Uhr die Wohnung aufgeräumt.

Das stimmt nicht. Sie hat um acht Uhr geschlafen.

Flüssig sprechen

4 Hören Sie zu und sprechen Sie nach.
(2.34)

Dialogtraining

5a Hören Sie den Dialog. Sammeln Sie im Kurs Informationen zu Maria.
(2.35)

Corinna   Ernst

- Wohnen Sie allein hier?
- Ja, ich wohne allein. Früher habe ich hier mit meiner Familie gewohnt. Meine Frau lebt leider nicht mehr. Sie war sehr krank.
- Haben Sie denn Kinder?
- Ja, ich habe eine Tochter. Sie heißt Maria. Sie hat in Berlin studiert. Dann ist sie nach Spanien gegangen. Sie lebt jetzt in Madrid.
- In Madrid? Die Stadt ist ja toll. Wir sind vor zwei Jahren nach Madrid gefahren. Das war sehr interessant. Wir haben viel gesehen. Besuchen Sie Ihre Tochter manchmal?
- Ja, ich fahre nach Madrid. Bald!

5b Sprechen Sie den Dialog zu zweit.

5c Schreiben Sie den Dialog neu: Maria ist jetzt ein junger Mann und heißt Thomas.

VIDEO
Clip 15
Seite 168

10 Gewusst wie

Kommunikation

über Ihr Leben früher sprechen

Früher habe ich in einem Dorf gelebt.
Meine Familie hatte ein Haus.
Das Leben war sehr schwer.
Dann habe ich in einer Stadt gelebt.
Das war sehr interessant.

von einer Reise erzählen

Wir sind nach Wien gefahren.
Wien ist toll. Wir haben viele Ausflüge gemacht und haben viel gesehen.

über Alltagsaktivitäten sprechen

- Was hast du gestern gemacht?
- Gestern habe ich lange geschlafen.
  Dann habe ich auf dem Markt eingekauft.
  Ich habe zu Hause aufgeräumt.
  Am Abend bin ich ins Kino gegangen.

einen Brief oder eine Postkarte schreiben (informell)

Anrede: Liebe Eva, / Lieber Martin,
Text: …
Gruß: Viele Grüße / Liebe Grüße
Unterschrift: Simone

Grammatik

Perfekt: *haben/sein* **+ Partizip**

Er	hat	in einer Großstadt	gelebt.
Wann	sind	Sie nach Deutschland	gekommen?
Ich	bin	2002 nach Deutschland	gekommen.
	Haben	Sie gestern auf dem Markt	eingekauft?

Perfekt mit *sein*

Bewegungsverben	Zustandsveränderung	auch:
A → B gehen: ist gegangen	👁 → 💤 einschlafen: ist eingeschlafen	bleiben: ist geblieben sein: ist gewesen

regelmäßige Partizipien

ge…(e)t: **ge**mach**t**, **ge**lern**t**, **ge**spiel**t**, **ge**arbeite**t**, **ge**leb**t** …
…ge…(e)t: ab**ge**hol**t**, ein**ge**kauf**t**, auf**ge**räum**t** …

Die unregelmäßigen Partizipien (*gegangen, gefahren* …) finden Sie auf den Seiten 196 und 197.

Präposition *seit* + Dativ

seit … → heute
Er ist **seit einem** Jahr in Deutschland. Sie wohnt schon **seit** 1995 hier.

112 einhundertzwölf

Ämter und Behörden

Bundesagentur für Arbeit  · Standesamt  · Familienkasse  · Warteraum  · Kfz-Zulassungsstelle

Sie lernen

- Fragen stellen und etwas erklären
- sich bedanken
- um Hilfe bitten und auf Bitten reagieren
- das Datum
- Personalpronomen im Dativ
- Präposition *für* + Akkusativ

1a Was kann man hier tun? Schreiben Sie.
Ü1-2

> das Auto anmelden und abmelden •
> eine Berufsberatung bekommen • Kindergeld
> beantragen • heiraten

bei der Bundesagentur für Arbeit: ....

bei der Familienkasse: ....

bei der Kfz-Zulassungsstelle: ....

beim Standesamt: ....

1b Wo ist das? Hören Sie die Dialoge und ordnen Sie sie den Fotos zu.
2.36

2 Welche Behörden kennen Sie in Ihrem Wohnort? Sprechen Sie im Kurs.

> Für mich ist das Bürgeramt sehr wichtig.

> Ich habe im Ausländeramt mein Visum verlängert. Das ist hier in Unterrode im Rathaus.

einhundertdreizehn 113

11   A   Bei der Meldestelle

1a Hören Sie das Telefongespräch. Was soll Herr Lopez machen? Kreuzen Sie an.

A ☐ ein Formular im Bürgeramt abholen
B ☐ ein Formular aus dem Internet herunterladen
C ☐ ein Formular aus Saarbrücken mitbringen

1b Lesen Sie erst die Sätze und dann das Formular. Was ist richtig? Kreuzen Sie an.

1 ☐ Herr Lopez hat früher in Saarbrücken gewohnt.
2 ☐ Herr Lopez ist 1973 geboren.
3 ☐ Herr Lopez ist in Deutschland geboren.
4 ☐ Herr Lopez ist Spanier.

www.unterrode.de/meldestelle/anmeldebestätigung/formular

Anmeldebestätigung

Neue Wohnung			Alte Wohnung		
Tag des Einzugs 1.9.15			Straße, Hausnummer Mainzer Straße 53		
Straße, Hausnummer Knollstraße 15			Gemeinde Saarbrücken		
Gemeinde Osnabrück			Familienname Lopez		
Vermieter Wohnungsbau GmbH Osnabrück			Vorname Diego		
Die Wohnung ist	Hauptwohnung	X	Geburtsort Madrid, Spanien		
	Nebenwohnung				
Familienstand ledig	männl.	X	Geburtsdatum 12.10.79		
	weibl.				
berufstätig	ja	X	Staatsangehörigkeit spanisch		
	nein				

1c Wichtige Informationen in Formularen. Ergänzen Sie die Sätze.

Tag des Einzugs • ~~Geburtsdatum~~ • Vermieter • Familienstand • Gemeinde • Hauptwohnung • Staatsangehörigkeit • Geburtsort

1 Ich bin in Madrid geboren. Das ist mein ....
2 Ich bin am 12.10.1979 geboren. Das ist mein *Geburtsdatum* .
3 Ich bin nicht verheiratet, ich bin ledig. Das ist mein ....
4 Meine .... ist spanisch.
5 Meine Wohnung ist in der Knollstraße 15 in Osnabrück. Das ist meine .... Ich habe keine andere Wohnung.
6 Ich habe die Wohnung gemietet. Die Wohnungsbau GmbH ist mein ....
7 Ich wohne seit dem 1.9.2015 in der Wohnung. Das ist der ....
8 Eine Stadt oder ein Dorf nennt man auch ....

2a Das Datum. Lesen Sie den Satz laut.

am zwanzigsten Zehnten neunzehnhundertneunundsiebzig

Diego Lopez ist am 20.10.1979 geboren.

2b Ergänzen Sie.

1–19 + *ten*
am 1. – am **ersten**
am 2. – am **zwei**ten
am 3. – am **dritten**
am 4. – am vier ....
am 7. – am **siebten**
am 8. – am **achten**
am 9. – am neun ....
am 10. – am zehn ....
am 16. – am **sech**zehn ....
am 19. – am neunzehn ....

ab 20 + *sten*
am 20. – am zwanzig**sten**
am 21. – am einundzwanzig ....
am 22. – am zweiundzwanzig ....
am 23. – am dreiundzwanzig ....
am 30. – am dreißig ....
am 31. – am einunddreißig ....

3 Wann sind die Personen geboren? Fragen und antworten Sie.

Tim Hof: 27.3.2006   Tina Abt: 28.1.1996   Andi Roshi: 19.2.1978   Anna Süß: 17.6.1932

4 Frau Müller zieht um. Was macht sie wann? Sprechen Sie.

Wann ist der Umzug von Frau Müller?   *Am 31.3.*   *Wann ...*

Montag 26.03.	Dienstag 27.03.	Mittwoch 28.03.	Donnerstag 29.03.	Freitag 30.03.	Samstag 31.03.	Sonntag 01.04.
Umzugskartons kaufen			Sachen in der Wohnung packen		14:00 Uhr umziehen	

Montag 02.04.	Dienstag 03.04.	Mittwoch 04.04.	Donnerstag 05.04.	Freitag 06.04.	Samstag 07.04.	Sonntag 08.04.
Bürgeramt: Wohnung anmelden	Kartons auspacken		Wohnung aufräumen	für die Party einkaufen	Party!!	

B Einen Antrag stellen

1 Lesen Sie die Internetseite. Welche Angebote hat die Wohnungsbau GmbH? Sammeln Sie.

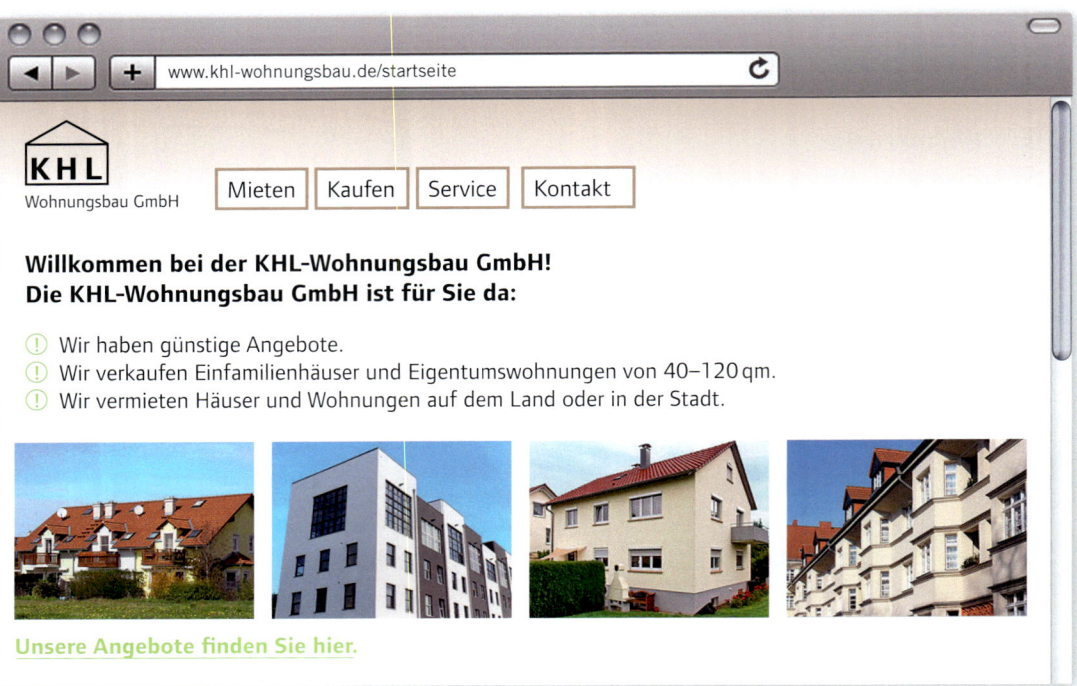

2a Hören Sie den Dialog und kreuzen Sie an. Was ist richtig?

A ☐ Juan Negredo hat eine neue Wohnung gefunden.
B ☐ Yanti Barsales braucht eine Wohnung, aber er kann keine Wohnung finden.

2b Hören und lesen Sie den Dialog weiter und beantworten Sie die Fragen.

1 Wo hat Juan Negredo früher gewohnt, wo wohnt er jetzt?
2 Wie bekommt man eine Wohnung bei der Wohnungsbau GmbH?
3 Wer hat Juan Negredo bei den Formularen geholfen?

● Früher habe ich in einer Wohnung von der Wohnungsbau GmbH gewohnt. Jetzt habe ich eine Eigentumswohnung.
● Eigentumswohnung? Was heißt das?
● Das heißt, es ist meine Wohnung. Sie gehört mir.
● Das ist super. Aber wie bekommt man eine Wohnung bei der Wohnungsbau GmbH?
● Man muss eine Wohnung beantragen.
● Hm, dann muss man Formulare ausfüllen und Formulare verstehe ich oft nicht so gut.
● Das ist kein Problem. Die Sachbearbeiterin bei der Wohnungsbau GmbH hat mir damals geholfen. Ich gebe dir auch gern ein paar Tipps. Ich habe auch noch eine Informationsbroschüre. Die bringe ich dir morgen mit.
● Das ist nett, ich danke dir.

3a
Lesen Sie den Dialog in 2b noch einmal und ergänzen Sie die Verben.

1 Die Wohnung _____ mir.

2 Die Sachbearbeiterin hat mir _____.

3 Ich _____ dir gern ein paar Tipps.

4 Ich _____ dir morgen eine Informationsbroschüre _____.

5 Das ist nett. Ich _____ dir.

Personalpronomen

Nominativ	Dativ
ich	
du	
wir	uns
ihr	euch
Sie	Ihnen

Wem gehört die Wohnung?
Die Wohnung gehört **mir**.

3b
Markieren Sie die Personalpronomen in 3a und ergänzen Sie den Grammatikkasten.

4a
Ergänzen Sie.

- Hilfst du mir? • Ja, ich helfe _dir_.
- Hilfst du uns? • Ja, ich helfe _____.
- Helfen Sie mir? • Ja, ich helfe _____.
- Hat er dir geholfen? • Ja, er hat _____ geholfen.
- Hat er euch geholfen? • Ja, er hat _____ geholfen.
- Hat er Ihnen geholfen? • Ja, er hat _____ geholfen.

4b
Lesen Sie die Minidialoge zu zweit.

5
Sammeln Sie Gegenstände im Kurs. Wem gehört was? Fragen und antworten Sie.

Wem gehört das Buch?

Nein, das gehört mir nicht!

Das gehört Natalia.

C Können Sie mir helfen?

1a Hören und ergänzen Sie die Dialoge. Lesen Sie dann die Dialoge zu zweit.

> helfen • verstehe • Termin • Zimmer 3 • danke • elf Uhr

Dialog 1

- Entschuldigen Sie bitte, wo finde ich Frau Barth?
- Haben Sie einen .... ?
- Ja, um ....
- Das Büro von Frau Barth ist im Erdgeschoss, ...
- Vielen Dank.

Dialog 2

- Verzeihung, können Sie mir .... ?
  Ich .... das Wort *Familienstand* nicht. Was bedeutet das?
- Sind Sie verheiratet?
- Ja.
- Dann tragen Sie bei Familienstand *verheiratet* ein.
- Ich .... Ihnen.

1b Hören Sie zwei weitere Dialoge und kreuzen Sie an: Was ist richtig?

1.
- A ☐ Der Mann kann die Kursgebühr nicht bezahlen.
- B ☐ Der Mann kann die Anmeldeformulare nicht finden.
- C ☐ Der Mann versteht das Wort *Kursgebühr* nicht.

2.
- A ☐ Wartenummern bekommt man am Informationsschalter.
- B ☐ Die Frau hat die Wartenummer 61.
- C ☐ Heute muss man lange warten.

2 Schreiben und spielen Sie Dialoge wie in 1.

Partner A: Sie sind beim Bürgeramt und Sie suchen das Büro von Frau Dunkel.
Partner B antwortet: im dritten Stock, Zimmer 351

der Nummernautomat

Partner A: Sie sind im Warteraum und suchen die Wartenummern.
Partner B antwortet: am Automaten links neben dem Eingang

Partner A: Sie füllen ein Anmeldeformular aus und verstehen das Wort *berufstätig* nicht.
Partner B antwortet: Haben Sie Arbeit? Dann sind Sie berufstätig.

um Hilfe bitten

Kann ich Ihnen helfen? Ja, bitte? Ja, gern.	Entschuldigen Sie bitte, … Verzeihung, … Können Sie mir helfen? Ich habe eine Frage.	Ich verstehe das Wort … nicht. Können Sie mir das erklären? Wo ist das Büro von …?	Herzlichen Dank. Vielen Dank. Ich danke Ihnen.

D Was braucht man für …?

1 Ämter und Behörden. Welche Dokumente braucht man? Ergänzen Sie die Sätze.

die Geburtsurkunde   der Pass   die Gehaltsabrechnung   das Autokennzeichen

1 Für die Kfz-Zulassung braucht man das ....

2 Für Auslandsreisen braucht man den ....

3 Für einen Kindergeldantrag braucht man die ....

4 Für einen Mietvertrag braucht man manchmal ....

2 Was braucht man für …? Fragen und antworten Sie.

1 Arztbesuch • Termin
2 Fahrt mit der Straßenbahn • Fahrkarte
3 Deutschkurs • Wörterbuch
4 Einkauf • Tasche, Einkaufszettel
5 Hochzeit • zwei Ringe, Termin beim Standesamt
6 Fest • Getränke, Chips, Musik …

für + Akkusativ	
m	für den / für einen
n	für das / für ein
f	für die / für eine
Pl.	für die / für –

Was braucht man für einen Arztbesuch?

Für einen Arztbesuch braucht man einen …

3 Projekt: Behörden in Ihrem Wohnort. Wo ist was? Sammeln Sie Informationen und machen Sie ein Kursplakat. Die Internetseite Ihrer Stadt finden Sie unter www.meine-stadt.de.

Wo ist das Ausländeramt?   Welche Formulare kann man aus dem Internet
Wo meldet man das Auto an?   herunterladen?
Wo ist die Agentur für Arbeit?   Wo kann man eine Wohnung anmelden?

11 Sprechen aktiv

Wörter sprechen

1 a Was kann man wo machen? Ordnen Sie zu.

1 bei der Arbeitsagentur
2 bei der Kfz-Zulassungsstelle
3 bei der Familienkasse
4 beim Standesamt
5 beim Ausländeramt
6 bei der Meldestelle

A ☐ heiraten
B ☐ Arbeit suchen
C ☐ die Wohnung anmelden
D ☐ das Auto anmelden und abmelden
E ☐ Kindergeld beantragen
F ☐ ein Visum verlängern

1 b (2.42) Kontrollieren Sie mit der CD und sprechen Sie nach.

Minidialoge sprechen

2 a Schreiben Sie Ihre Daten in das Formular.

Anmeldebestätigung

Neue Wohnung			Alte Wohnung		
Tag des Einzugs			Straße, Hausnummer		
Straße, Hausnummer			Gemeinde		
Gemeinde			Familienname		
Vermieter			Vorname		
Die Wohnung ist	Hauptwohnung		Geburtsort		
	Nebenwohnung				
Familienstand			männl.		Geburtsdatum
			weibl.		
berufstätig	ja		Staatsangehörigkeit		
	nein				

2 b Fragen Sie Ihren Partner / Ihre Partnerin und tragen Sie seine/ihre Daten in das Formular auf Seite 159 ein.

Wo haben Sie früher gewohnt?
Wo wohnen Sie jetzt?
Wann sind Sie geboren?
Wie heißt Ihr Vermieter?
Wann ist der Tag des Einzugs?
Ist die Wohnung Ihre Hauptwohnung?
Was ist Ihre Staatsangehörigkeit?
Sind Sie verheiratet?
Wo sind Sie geboren?

Entschuldigung, bitte wiederholen Sie.

Wie schreibt man das? Können Sie bitte buchstabieren?

Grammatik sprechen

3 Arbeiten Sie zu zweit. Ergänzen Sie die Personalpronomen im Dativ. Sprechen Sie dann die Minidialoge zu zweit.

- Hilfst du _____? • Ja, ich helfe _____ gleich.
- Gehört das Buch _____? • Nein, es gehört _____ nicht.
- Wie geht es _____? • Danke, es geht _____ gut.
- Können Sie _____ helfen? • Ja, ich helfe _____ gerne.
- Soll ich _____ einen Kaffee mitbringen? • Das ist nett. Ich danke _____.

Flüssig sprechen

4 Hören Sie zu und sprechen Sie nach.

Dialogtraining

5 a Ergänzen Sie den Dialog und kontrollieren Sie dann mit der CD.

> abholen • ausgefüllt • ausgefüllt • lange • nett • verlängern

- Wie kann ich Ihnen helfen?
- Ich möchte meinen Personalausweis _____.
- Haben Sie das Formular schon _____?
- Welches Formular? Nein, ich habe noch kein Formular _____. Ich kann es nicht aus dem Internet herunterladen. Wissen Sie, ich habe keinen Computer und …
- Das ist doch gar kein Problem. Wir füllen das Formular zusammen aus. Ich schreibe alles in den Computer.
- Gut. Das ist _____. Danke.
- So, dann brauche ich noch ein Foto. Und dann müssen Sie hier unten noch unterschreiben.
- Okay. Wann kann ich den Personalausweis _____?
- Sie können ihn in drei Wochen am Informationsschalter hier im Bürgeramt abholen. Wir rufen Sie dann an.
- Drei Wochen? So _____?

5 b Sprechen Sie zu zweit – einmal ganz langsam und einmal sehr schnell.

11 Gewusst wie

Kommunikation

um Hilfe bitten und auf Bitten reagieren

- Entschuldigen Sie bitte, darf ich Sie etwas fragen?
- Verzeihung, können Sie mir helfen?
- Ja, gern.
- Ja, bitte?
- Was kann ich für Sie tun?

Fragen stellen und etwas erklären

- Was bedeutet das Wort *berufstätig*? Können Sie mir das erklären?
- *Berufstätig* bedeutet: Man hat Arbeit und verdient Geld.
- Wo muss man das Geburtsdatum eintragen?
- Das Geburtsdatum tragen Sie hier rechts ein.

sich bedanken

- Vielen Dank.
- Herzlichen Dank.
- Ich danke Ihnen.

Personendaten angeben

Mein Geburtsort ist Hannover.
Ich bin am 4. Mai 1981 geboren.
Meine Staatsangehörigkeit ist deutsch.

Grammatik

Personalpronomen

Nominativ	Dativ
ich	mir
du	dir
wir	uns
ihr	euch
Sie	Ihnen

wichtige Verben mit Dativ

helfen
- Können Sie **mir** helfen?
- Ja, gerne.

danken
- Ich danke **Ihnen**.
- Gerne.

gehören
- **Wem** gehört das Haus?
- Das Haus gehört **mir**.

Datum

1–19 + *ten*		ab 20 + *sten*	
am	1. – am **ersten**	am	20. – am zwanzig**sten**
am	2. – am zwei**ten**	am	30. – am dreißig**sten**
am	3. – am **dritten**		
am	4. – am vier**ten**		
am	7. – am **siebten**		
am	8. – am **achten**		
am	10. – am zehn**ten**		
am	19. – am neunzehn**ten**		

Wann sind Sie geboren?

Ich bin am zwanzigsten Achten neunzehnhundertneunundsiebzig geboren.

Präposition *für* + Akkusativ

Die Gesundheitskarte braucht man **für den** / **für einen** Arztbesuch.
Man braucht **für die** Behörden oft viele Dokumente.

Station 3

1 Wörter finden. Welche Gruppe findet die meisten Wörter mit …?

Bilden Sie Gruppen mit vier Personen. Der Kursleiter / die Kurseiterin sagt leise das Alphabet. Jemand sagt „Stopp". Danach bekommen Sie drei Minuten Zeit. Schreiben Sie so viele Wörter mit dem Buchstaben wie möglich. Welche Gruppe hat die meisten richtigen Wörter? Vergleichen Sie.

2a 🔊 2.45 Phonetikspiel. Rhythmen hören und sprechen. Welches Wort hören Sie? Kreuzen Sie an.

1 ☐ Supermarkt ☐ Bäckerei 4 ☐ Kontoauszug ☐ Überweisung
2 ☐ Käsekuchen ☐ Marmelade 5 ☐ Straßenbahn ☐ Motorrad
3 ☐ Zahnarztpraxis ☐ Apotheke 6 ☐ Formular ☐ Mietvertrag

2b Sprechen Sie ein Wort aus 2a mit *lalala*, Ihr Partner / Ihre Partnerin muss das Wort raten.

> Lalala,   Lalala, das ist Bäckerei.   Richtig.

3 Grammatikspiel: Sätze in Bewegung

Sie brauchen: Zettel, dicke Stifte und viel Platz
1 Bilden Sie zwei Gruppen. Jede Gruppe schreibt lange Sätze. Schreiben Sie jedes Wort auf einen eigenen Zettel und vermischen Sie dann die Zettel.
2 Jede Gruppe gibt ihren Satz an die andere Gruppe. Bei „Los!" geht's los. Welche Gruppe hat zuerst den richtigen Satz?

3 Spiel und Spaß

Vom Start zum Ziel

Spielregeln

1. Immer zwei bis vier Personen aus dem Kurs spielen zusammen.
2. Sie brauchen eine Münze pro Spieler und einen Würfel pro Gruppe.
3. Sie beantworten die Frage richtig? Sie dürfen zwei Kästchen weiter.
4. Sie beantworten die Frage falsch? Sie müssen zwei Kästchen zurück.
5. Sie sind zuerst am Ziel? Dann haben Sie gewonnen.

1 START

2 Welche Staatsangehörigkeit haben Sie?

3 Was bedeutet das Schild?

4 Was muss man / darf man hier nicht machen?

5 Nennen Sie drei Ämter.

6 Ergänzen Sie das Perfekt.
gehen – *ist gegangen*
kommen – …
fahren – …
essen – …

7 Lesen Sie laut.
1987
1996
2009
2015

8 Sie haben Zahnschmerzen. Wohin gehen Sie?

9 Ergänzen Sie.
Können Sie … bitte helfen?

10 Nennen Sie drei Körperteile mit Artikel und Plural.

11 Ergänzen Sie das Perfekt.
einkaufen – hat …
aufräumen – …
aufwachen – …
suchen – …

12 Sie sind im Bürgeramt. Sie suchen das Büro von Frau Mager. Fragen Sie.

13 Wie kommt man von der Sprachschule zum Bahnhof? Erklären Sie.

14 Wählen Sie einen Partner / eine Partnerin. Machen Sie einen Termin beim Arzt.

15 Sie verstehen das Wort *berufstätig* auf einem Formular nicht. Fragen Sie.

16 Was brauchen Sie für einen Besuch beim Arzt?

17 Fragen Sie. (Haltestelle?)

18 Seit wann lernen Sie Deutsch?

19 Was bedeutet das Schild? (70)

20 ZIEL

Im Kaufhaus

(Bild: Schaufenster mit Kleidungsstücken)
der Mantel – die Bluse – das Kleid – das Hemd – der Pullover – die Jacke – das T-Shirt – der Anzug – das Sweatshirt – die Jeans – der Rock – die Hose – die Krawatte – die Schuhe (Pl.) – die Socken (Pl.) – die Unterwäsche

Sie lernen
- über Kleidung sprechen
- Einkaufsdialoge im Kaufhaus führen
- über Einkaufsmöglichkeiten sprechen
- sich im Kaufhaus orientieren
- Adjektive vor Nomen mit dem bestimmten Artikel
- das Fragewort *welch-*
- Komposita

1 Hören Sie die Wörter und zeigen Sie die Kleidungsstücke auf dem Bild.

2 Ein Farbenspiel. A sagt ein Kleidungsstück und wirft einen Ball. B fängt und sagt einen Satz.

> Die Bluse.

> Die Bluse ist weiß.

3 Wie gefällt Ihnen die Kleidung? Fragen und antworten Sie.

> Gefällt Ihnen die Bluse?

> Nein, sie gefällt mir nicht. Ich finde sie altmodisch.

gefallen + Dativ
Die Bluse gefäll**t** mir.
Die Schuhe gefall**en** mir.

über Kleidung sprechen

Wie gefällt Ihnen/dir die Hose?	
Die Hose gefällt mir …	sehr gut – gut – nicht gut – gar nicht – überhaupt nicht
Ich finde die Hose …	schick – bequem – modern – altmodisch – langweilig – komisch

A Kleidung kaufen

1a Herr und Frau Gashi kaufen ein. Hören Sie den Dialog: Was kaufen sie?

1b Lesen Sie den Dialog zu dritt und ergänzen Sie die Grammatiktabelle.

- Kann ich Ihnen helfen?
- Ja, gern. Ich suche einen Anzug.
- Wie finden Sie den blauen Anzug?
- Ja, der ist nicht schlecht. Kann ich ihn anprobieren?
- Ja, gern, hier ist die Umkleidekabine.
- Der Anzug passt. Haben Sie auch Hemden?
- Ja, weiß, grau, blau … Welche Farbe möchten Sie?
- Ich nehme das blaue Hemd und die blaue Krawatte.
- Das sieht gut aus, nur die braunen Schuhe passen nicht.
- Dann müssen wir auch noch Schuhe kaufen.

Adjektive vor Nomen mit dem bestimmten Artikel

	Nominativ	Akkusativ
m	Der blaue Anzug ist nicht schlecht.	Ich finde de**n** blau..... Anzug gut.
n	Das blaue Hemd ist schick.	Ich nehme das blau....... Hemd.
f	Die rote Krawatte ist elegant.	Ich möchte die rot**e** Krawatte.
Pl.	Die braun..... Schuhe passen nicht.	Ich muss die schwarz**en** Schuhe anziehen.

1c Hören Sie die Sätze aus dem Grammatikkasten und sprechen Sie nach.

2a Hören Sie den Dialog und lesen Sie mit.

- Kann ich Ihnen helfen?
- Ja, ich möchte den gelben und den blauen Pullover anprobieren.
- Gerne, bitte, hier ist die Umkleidekabine.

  …

  Der blaue Pullover sieht gut aus. Möchten Sie nicht auch noch den roten Pullover anprobieren?
- Nein danke, ich nehme den gelben und den blauen Pullover. Die gefallen mir.

2b Sprechen Sie den Dialog zu zweit und variieren Sie die Wörter in Grün.

3 a Wo kaufen die Leute ein? Hören Sie und ordnen Sie zu.

☐ im Secondhandladen ☐ im Supermarkt ☐ auf dem Flohmarkt

☐ im Kaufhaus ☐ im Internet ☐ in einer Boutique

3 b Wo kaufen Sie gerne ein? Wo kaufen Sie nicht gerne ein? Erzählen Sie.

> praktisch • bequem • kompliziert • teuer • günstig • stressig • angenehm

Ich kaufe gern im Internet ein. Ich finde das praktisch.

Ich kaufe gern im Sommer- oder Winterschlussverkauf ein. Das ist gut und günstig.

4 a Hören Sie und kreuzen Sie an: Was möchte der Sohn bestellen?

☐ ☐ ☐ ☐

4 b Lesen Sie den Dialog und markieren Sie die Endungen von *welch-* im Dialog.

- Welche Hose möchtest du, die weiße oder die schwarze Hose?
- Die schwarze Hose gefällt mir.
- Und welches T-Shirt findest du gut?
- Das schwarze T-Shirt ist gut.
- Ganz schwarz, ist das nicht langweilig?
- Nein, das ist cool. Alle ziehen das an.

Fragewort *welch-*

	Nominativ	Akkusativ
m	Welcher Pullover ist günstig?	Welchen Pullover nehmen Sie?
n	Welches T-Shirt ist schön?	Welches T-Shirt findest du gut?
f	Welche Hose ist cool?	Welche Hose möchtest du?
Pl.	Welche Schuhe sind bequem?	Welche Schuhe nimmst du?

5a
Lesen Sie die Grammatikkästen auf Seite 126 und Seite 127 und ergänzen Sie die Endungen.

- Welch....... Kleid findest du gut? Das rot....... Kleid oder das blau....... Kleid?
- Ich mag das blau....... Kleid. Das gefällt mir.

- Welch....... Schuhe findest du gut?
- Mir gefallen die schwarz....... Schuhe besonders gut.

- Welch....... Bluse magst du?
- Ich finde die rot....... Bluse toll.

- Wie findest du den grün....... Rock?
- Welch....... Rock meinst du? Den kurz....... Rock oder den lang....... Rock?
- Ich meine den kurz....... Rock.
- Den finde ich schick.

5b
Lesen Sie die Minidialoge zu zweit.

5c
Fragen und antworten Sie wie in 5a.

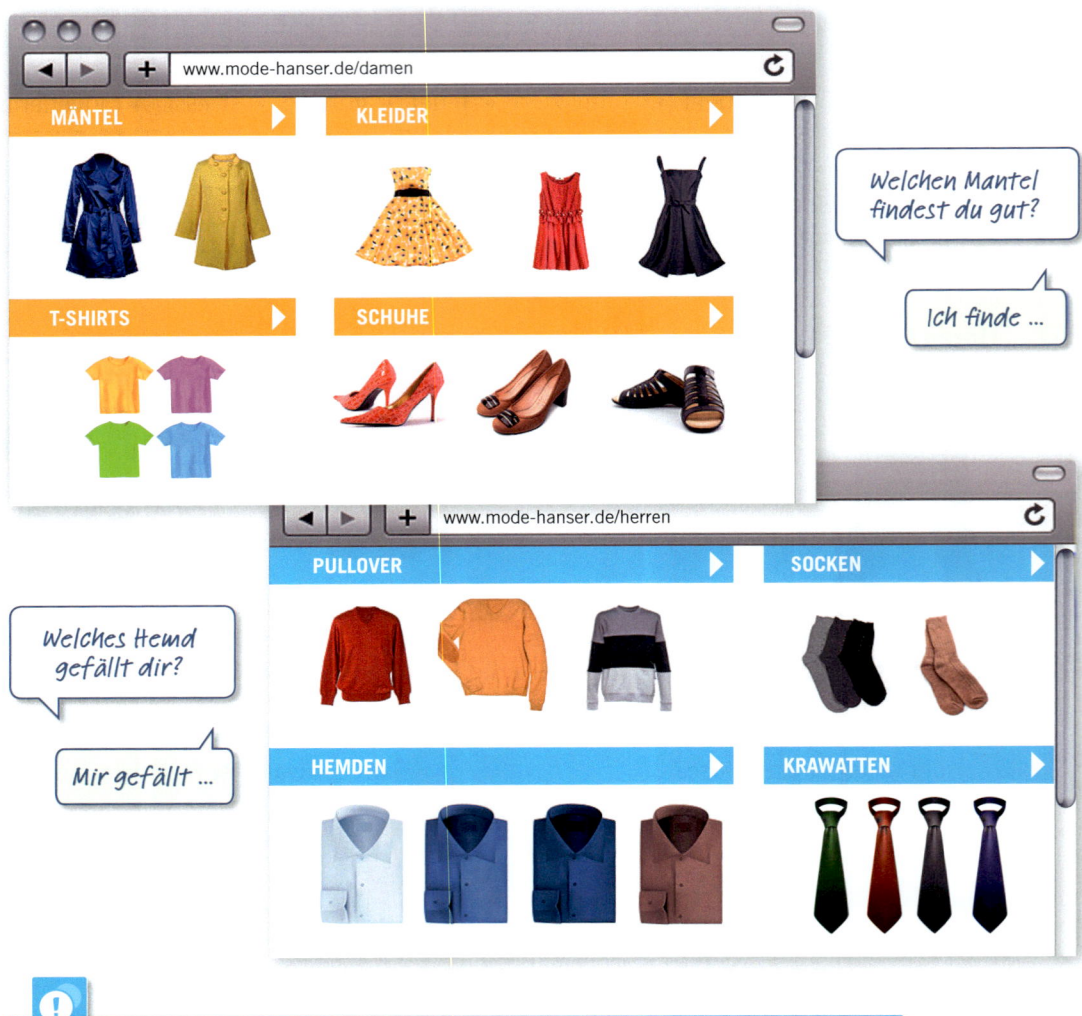

Größen
In Deutschland gibt es die Größen XS bis XXL oder auch:
Herren: 46 (=S), 48/50 (=M), 52/54 (=L), 56/58 (=XL), 60/62 (=XXL)
Damen: 32/34 (=XS), 36/38 (=S), 40/42 (=M), 44/46 (=L), 48/50 (=XL)
Bei der Kinderbekleidung gibt man die Körpergröße des Kindes an: 50–176 (cm)

B Im Kaufhaus einkaufen

1 a Lange Wörter (Komposita). Was passt zusammen? Suchen Sie die Wörter auf der Infotafel und verbinden Sie.

1	Computer	A	wäsche
2	Sport	B	spiele
3	Herren	C	schmuck
4	Mode	D	waren
5	Baby	E	artikel
6	Geschenk	F	bekleidung

1 b Lesen Sie den Grammatikkasten und ergänzen Sie die Artikel.

Komposita
die Dame + **der** Mantel ➔ **der** Damenmantel
Der Artikel kommt vom 2. Wort.

1 der Herr + die Hose ➔ .... Herrenhose
2 die Dame + der Mantel ➔ .... Damenmantel
3 der Winter + die Jacke ➔ .... Winterjacke
4 der Sport + die Schuhe ➔ .... Sportschuhe
5 der Abend + das Kleid ➔ .... Abendkleid
6 die Mode + der Schmuck ➔ .... Modeschmuck

2 Fragen und antworten Sie. Wo finden Sie was?

Computerspiele • Sportwaren • Bücher • Uhren • Modeschmuck • Herrenbekleidung • Geschenkartikel

Entschuldigung, wo finde ich Babywäsche?

Im zweiten Stock.

Danke schön.

Kaufhaus Augustin

3. Stock
DVDs • CDs • Bücher • 24-Stunden-Bestellservice • Fotoalben • Bilderrahmen • Computerspiele • Computerzubehör

2. Stock
Spielzeug • Kinderbekleidung • Babywäsche • Sportwaren • Haushaltswaren • Glas/Porzellan • Geschenkartikel • Heimtextilien • Elektro-Kleingeräte • Damen- und Herrenfriseur

1. Stock
Damenbekleidung • Marken-Shops • Young Fashion • Accessoires/Modeschmuck • Herrenbekleidung

Erdgeschoss
Damenwäsche • Strumpfwaren • Lederwaren • Schirme • Zeitschriften • Parfümerie • Süßwaren • Schreibwaren • Uhren/Schmuck • Schlüsseldienst • Schuhreparatur • Lotto/Toto

Untergeschoss
SUPERMARKT FRISCH

3a Entschuldigung, wo finde ich …? Ordnen Sie die Sätze der Verkäuferinnen zu.

A Gibt es den Mantel auch in Größe 40? ☐
B Ach bitte, wo kann ich das bezahlen? ☐
C Entschuldigung, ich suche den Ausgang. ☐
D Danke, ich schaue nur. ☐
E Entschuldigung, wo finde ich die Toiletten? ☐
F Wie lange haben Sie geöffnet? ☐
G Haben Sie Computerspiele? ☐
H Kann ich das Kleid mal anprobieren? ☐

Verkäuferinnen:
1 Kann ich Ihnen helfen?
2 Größe 40? Da muss ich nachsehen. Einen Moment, bitte.
3 Ja, in der Multimedia-Abteilung im dritten Stock.
4 Die Kasse ist dort hinten rechts.
5 Bis 20 Uhr.
6 Ja gern, die Umkleidekabinen sind dort hinten links.
7 Den Ausgang? Der ist da vorne links.
8 Die sind im ersten Stock, direkt neben der Rolltreppe.

3b Hören Sie die Minidialoge und kontrollieren Sie.

3c Spielen Sie weitere Minidialoge. Verwenden Sie die Redemittel aus 3a.

Entschuldigung, ich suche Hosen für Mädchen.

4a Gespräche im Kaufhaus. Hören Sie und kreuzen Sie an: Was ist richtig?

1 Was kostet der Mantel?

A ☐ 59,00 € B ☐ 59,95 € C ☐ 95,95 €

2 Welche Größe gibt es nicht?

A ☐ Größe 68 B ☐ Größe 74 C ☐ Größe 86

4b Hören Sie die Gespräche noch einmal und beantworten Sie die Fragen.

1 Haben alle Mäntel den gleichen Preis?   2 Kauft die Frau eine Babyhose?

5a Im Kaufhaus. Wer sagt was? Ordnen Sie zu.

~~Ich hätte gern …~~ • Größe 40? Da muss ich nachsehen. • Die Kasse ist dort hinten rechts. • Was kostet …? • Gibt es … auch in Größe …? • Haben Sie auch …? • In der …abteilung im ersten/zweiten/… Stock. • Gern, die Umkleidekabinen sind … • Wo kann ich bezahlen? • Wo finde ich …? • ~~Kann ich Ihnen helfen?~~ • Kann ich … anprobieren?   Haben Sie … auch in Rot/Weiß/…? Einen Moment, bitte. • Entschuldigung, ich suche … • Tut mir leid, das haben wir leider nicht. • Die Hose ist zu kurz / zu lang. • Danke, ich schaue nur.

Verkäufer/Verkäuferin	Kunde/Kundin
Kann ich Ihnen helfen?	Ich hätte gern …

5b Spielen Sie Einkaufsdialoge. Die Fragen und Sätze in 5a helfen.

6 Projekt: Sammeln Sie interessante Einkaufsmöglichkeiten. Machen Sie für die anderen Kursteilnehmer/innen eine Liste und geben Sie Einkaufstipps.

(Internet-)Adresse	Was kann man kaufen?	Vorteile	Nachteile
www.ebay.de			
Outlet …			

12 Sprechen aktiv

Wörter sprechen

1 Was passt? Ordnen Sie zu. Sprechen Sie dann Minidialoge wie im Beispiel.

> elegant • günstig • teuer • praktisch • bequem • altmodisch

229,– €

9,90 €

> Wie findest du das Kleid?

> Ich finde, es sieht elegant aus.

Minidialoge sprechen

2a Textkaraoke. Hören und reagieren Sie.
2.55

👂 …
🗣 Danke, ich schaue nur.
👂 …

👂 …
🗣 Haben Sie die Hose auch in Größe 42?
👂 …

👂 …
🗣 Ja, kann ich das Kleid mal anprobieren?
👂 …

👂 …
🗣 Ja, ich möchte die Bluse kaufen. Wo kann ich die bezahlen?
👂 …

2b Sprechen Sie die Minidialoge zu zweit.

Grammatik sprechen

3 Arbeiten Sie zu zweit. Fragen und antworten Sie.

1 Welche**n** Mantel möchten Sie?
2 Welche**s** T-Shirt möchten Sie?
3 Welch**e** Tasche möchten Sie?
4 Welch**e** Schuhe möchten Sie?
5 Welche**n** Stift möchten Sie?
6 Welche**s** Heft möchten Sie?
7 Welch**e** Uhr möchten Sie?
8 Welch**e** Blumen möchten Sie?

> Ich nehme den blauen Mantel.

4 Arbeiten Sie zu zweit. Sprechen Sie wie im Beispiel.

Sieh mal, der elegante Mantel.
Sieh mal, das schicke Kleid!
Sieh mal, die bequemen Schuhe!

> Was? Der Mantel ist doch nicht elegant! Ich finde ihn altmodisch.

Flüssig sprechen

🔊 2.56 **5** Hören Sie zu und sprechen Sie nach.

VIDEO

Clip 17
Seite 170

Dialogtraining

🔊 2.57 **6 a** Hören Sie den Dialog. Was soll der Mann anziehen? Kreuzen Sie an.

☐ die blauen Schuhe   ☐ das blaue Hemd   ☐ den blauen Anzug
☐ die braunen Schuhe   ☐ das weiße Hemd   ☐ den braunen Anzug

● Was ziehe ich an?
● Wo triffst du sie? Im Restaurant, im Kino, im Park, bei dir zu Hause?
● Wir gehen essen. Ich habe ein Restaurant gefunden. Das ist sehr schick, aber auch cool. Und jetzt? Jeans oder Anzug? Welches Hemd?
● Ich mag den blauen Anzug. Der sieht richtig gut aus. Und dann das blaue Hemd, aber keine Krawatte.
● Okay … Und welche Schuhe? Die schwarzen oder die braunen? Oder Sportschuhe?
● Nein, Sportschuhe nicht. Nimm die braunen Schuhe.
● Danke! Das hat mir sehr geholfen.

6 b Sprechen Sie den Dialog zu zweit.

6 c Schreiben Sie den Dialog neu. Jetzt fragt eine Frau: Was ziehe ich an?

Kommunikation

über Kleidung sprechen

- Was gefällt Ihnen?
- Wie gefallen Ihnen die Schuhe?
- Wie finden Sie das Kleid?

- Die Hose gefällt mir gut.
- Die Schuhe gefallen mir nicht.
- Ich finde das Kleid nicht so gut.

Einkaufsdialoge im Kaufhaus führen

- Kann ich Ihnen helfen?

- Kann ich das Kleid anprobieren?
- Wo finde ich Babyhosen?

- Nein danke, ich schaue nur.
- Ja, ich suche eine Hose.
- Haben Sie auch Hemden?
- Haben Sie die Hose auch in Größe 42 / in Grün?
- Ich nehme den blauen Pullover.
- Ja, die Umkleidekabinen sind da vorne rechts.
- Bei der Babybekleidung im zweiten Stock.

über Einkaufsmöglichkeiten sprechen

- Ich kaufe gern im Internet ein. Das ist praktisch und geht schnell.
- Ich kaufe lieber im Kaufhaus ein. Da kann ich alles anprobieren.

Grammatik

Adjektive

Adjektive nach einem Nomen haben keine Endung: Der Mantel ist blau.
Adjektive vor einem Nomen haben immer eine Endung: Der blaue Mantel kostet 89 Euro.

Adjektive vor Nomen mit dem bestimmten Artikel

	Nominativ	Akkusativ
m	der graue Anzug	den grauen Anzug
n	das blaue Hemd	das blaue Hemd
f	die rote Bluse	die rote Bluse
Pl.	die braunen Schuhe	die braunen Schuhe

Fragewort *welch-*

	Nominativ	Akkusativ
m	welcher Pullover	welchen Pullover
n	welches T-Shirt	welches T-Shirt
f	welche Hose	welche Hose
Pl.	welche Schuhe	welche Schuhe

der Pullover
↓
welcher Pullover

Komposita

Das letzte Wort bestimmt den Artikel: die Dame + **der Mantel** → **der** Damen**mantel**

Auf Reisen

Sie lernen

- über Landschaften und Reisen sprechen
- Fahrkarten kaufen und nach Informationen fragen
- einen Reiseblog verstehen
- über das Wetter und die Jahreszeiten sprechen
- Präpositionen mit Akkusativ
- Pronomen *es*
- Komparativ

1 Wo ist das? Ordnen Sie die Wörter den Bildern zu.
Ü1

☐ das Meer   ☐ der Berg   ☐ der Bauernhof
☐ der Fluss ☐ der Strand ☐ der Wald
☐ die Wiese ☐ das Dorf   ☐ der See

2 Wer ist wo? Hören Sie und ordnen Sie die Dialoge zu.
2.58

☐ in der Stadt   ☐ in den Bergen   ☐ am Strand   ☐ auf dem Bauernhof

3 Wo waren Sie schon? Was haben Sie dort gemacht? Sprechen Sie.
Ü2-3

> Ich war einmal am Meer.
> Ich habe dort Urlaub gemacht.

> Ich war schon oft in München.
> Ich habe dort meine Tante besucht.

über Reisen und Urlaub sprechen

am Meer – am Strand
auf dem Bauernhof – auf dem Land
in der Stadt – in den Bergen

habe ... besucht – habe eingekauft – bin gewandert –
habe gefaulenzt – bin geschwommen – bin ausgegangen –
habe viel gelesen – bin spazieren gegangen – bin Fahrrad gefahren

einhundertfünfunddreißig 135

13 A Unterwegs mit dem Zug

1 a Hören Sie den Dialog. Wohin fährt die Frau?

1 b Lesen Sie den Dialog und notieren Sie die Informationen in der Tabelle.

- Ich hätte gern eine Fahrkarte von Bremen nach Stuttgart mit Reservierung.
- Erste oder zweite Klasse?
- Zweite Klasse, bitte.
- Wann möchten Sie abfahren?
- Ich nehme den IC um 9.44 Uhr ab Bremen, Hauptbahnhof. Muss ich umsteigen?
- Nein, der Zug fährt direkt. Sie kommen um 16.22 Uhr in Stuttgart an. Haben Sie eine BahnCard?
- Ja, ich habe eine BahnCard 25.
- Das sind dann mit Reservierung 90,75 €.

Abfahrt	Ankunft	Preis	Klasse

2 Partnerspiel. Lesen Sie die Anzeigetafel. Die Informationen von Partner/in B sind auf Seite 160. Fragen und antworten Sie. Notieren Sie die Informationen.

Partner/in A: München? • Basel? • Aachen?

RE	09:45	KÖLN über Essen, Düsseldorf	Gleis 16
ICE	09:48	BERLIN über Bielefeld, Hannover	Gleis 10
IC	10:25	MÜNSTER	Gleis 8

Wann fährt der Zug nach München ab?   *Um ...*   *Von welchem Gleis fährt er ab?*   *Von Gleis ...*

3 a Durchsagen. Hören Sie und kreuzen Sie an: Richtig oder falsch?

	R	F
1 Der Zug fährt nach Hamburg.	☐	☐
2 Der ICE hat zehn Minuten Verspätung.	☐	☐
3 Der Zug nach München fährt heute von Gleis drei ab.	☐	☐

3 b Am Bahnhof. Wählen Sie eine Situation und spielen Sie Dialoge.

1 Sie sind in Dortmund. Sie wollen nach München fahren. Preis für die 2. Klasse: 142 € (mit BahnCard 50: 71 €). Sie haben eine BahnCard 50.

2 Sie sind in Dortmund. Sie wollen nach Wuppertal fahren. Preis für die 2. Klasse: 13,10 €. Sie haben keine BahnCard.

4a Eine besondere Zugfahrt. Lesen Sie den Blog und ordnen Sie die Fotos zu.

SCHWARZWALD-BLOG

☐ Das war eine tolle Fahrt! Gestern Morgen sind wir in Freiburg losgefahren. Schon nach kurzer Zeit sind wir in eine fantastische Landschaft gekommen: das Höllental. Wir sind über viele Brücken gefahren und hatten eine tolle Aussicht. ☺

☐ Immer wieder sind wir durch Tunnel gefahren. Einige Tunnel waren sehr lang, mehr als 100 m. Ich habe sieben kurze und lange Tunnel gezählt!

☐ Am Bahnhof Titisee sind wir kurz ausgestiegen und haben den Ort besichtigt und sind dann auf fast 900 m Höhe weitergefahren. Die Endstation war Seebrugg am Schluchsee. Dort haben wir in einer Pension übernachtet.

☐ Heute haben wir eine Wandertour gemacht. Wir sind einmal um den Schluchsee gelaufen. Das sind ungefähr 18 Kilometer. Mittags sind wir im See geschwommen und am Abend sind wir wieder nach Seebrugg zurückgekommen. Jetzt sitzen wir gemütlich beim Abendessen. Leider müssen wir morgen schon wieder zurück nach Freiburg fahren. ☹

4b Lesen Sie den Blog noch einmal und beantworten Sie die Fragen.

1 Wann sind Luca, Tanja, Mariem und Leonidas in Freiburg losgefahren?
2 Durch wie viele Tunnel sind sie gefahren?
3 Wo haben sie übernachtet?
4 Sind sie durch den Schluchsee geschwommen?
5 Sind sie um den Schluchsee gegangen?
6 Wollen Sie schnell zurück nach Freiburg fahren?

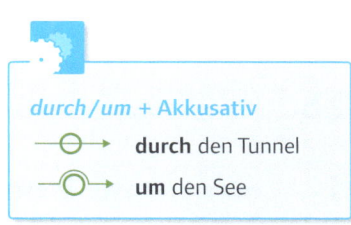

durch / um + Akkusativ

→O→ **durch** den Tunnel
→O→ **um** den See

B Das Wetter

1a Welche Bilder passen zu den Sätzen? Ordnen Sie zu.

A der Regen B der Schnee C die Sonne D der Wind E die Wolke

- ☐ Es schneit.
- ☐ Es regnet.
- ☐ Es ist nass.
- ☐ Die Sonne scheint.
- ☐ Es ist heiß.
- ☐ Es ist kalt.
- ☐ Es ist sonnig.
- ☐ Es ist bewölkt.
- ☐ Es ist windig.

> **es**
> **Es** regnet.
> **Es** ist kalt.

1b Wie ist das Wetter heute bei Ihnen? Wie war das Wetter gestern? Wie ist das Wetter vielleicht morgen? Fragen und antworten Sie.

> Heute regnet es. Wie ist es morgen?

> Morgen ist es vielleicht sonnig.

2a Wetterkarte. Lesen Sie den Dialog und variieren Sie die Wörter in Grün.

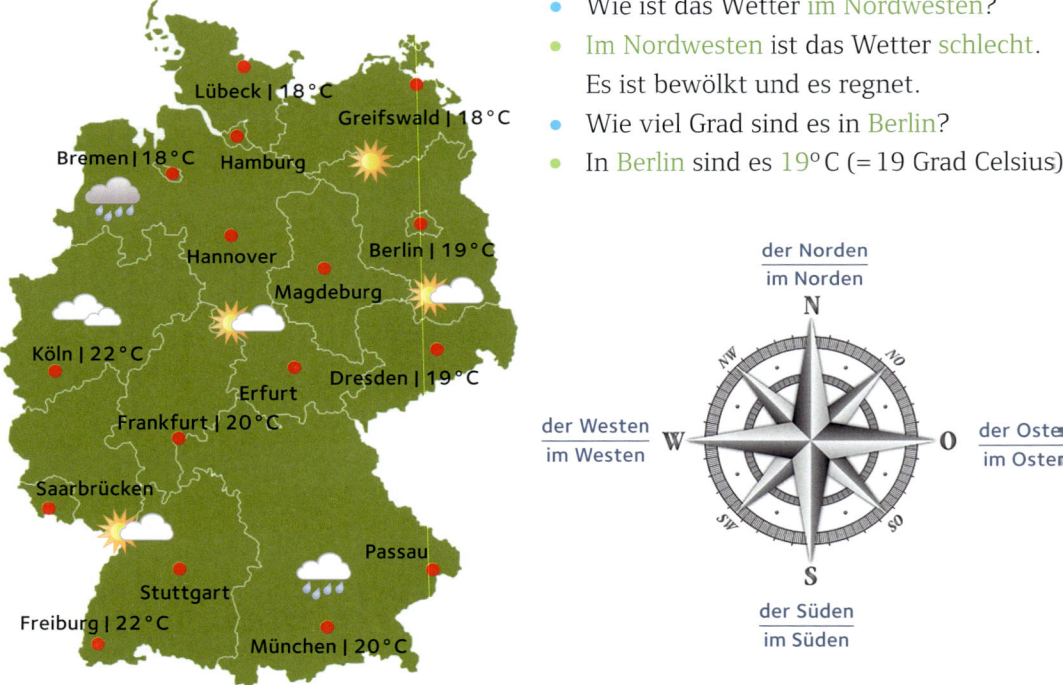

- Wie ist das Wetter im Nordwesten?
- Im Nordwesten ist das Wetter schlecht. Es ist bewölkt und es regnet.
- Wie viel Grad sind es in Berlin?
- In Berlin sind es 19°C (= 19 Grad Celsius).

der Norden / im Norden
der Westen / im Westen
der Osten / im Osten
der Süden / im Süden

2b Wo möchten Sie jetzt gerne sein? Erzählen Sie.

3 Hören Sie zwei Wettervorhersagen und beantworten Sie die Fragen.

1 Sie sind in Dresden. Welche Kleidung brauchen Sie morgen?
2 Sie sind in Köln. Welche Kleidung brauchen Sie am Wochenende?

4a Lübeck oder Freiburg? Lesen Sie und diskutieren Sie: Wo möchten Sie lieber leben?

Früher habe ich in Lübeck gewohnt und jetzt lebe ich in Freiburg. Ich finde beide Städte sehr angenehm. Freiburg ist ungefähr genauso groß wie Lübeck. Aber das Wetter ist immer ein bisschen besser als im Rest von Deutschland.

Im Sommer ist es in Freiburg wärmer als in Norddeutschland und die Sonne scheint ein bisschen mehr. 4,9 Stunden Sonnenschein haben wir durchschnittlich jeden Tag in Freiburg und nur 4,4 in Lübeck. Das ist ein Unterschied von ungefähr 30 Minuten.

Aber Lübeck liegt 600 km nördlicher als Freiburg, deshalb sind die Tage im Sommer in Lübeck länger und es ist heller als in Freiburg.

Im Winter ist es in Lübeck etwas kälter als in Freiburg, aber es gibt in Freiburg mehr Schnee.

TIM JANSEN

Lübeck

Einwohner: 214 000

durchschnittliche Temperatur im Sommer: 18 Grad

durchschnittliche Anzahl der Sonnenstunden pro Tag: 4,4

Tageslänge im Juni: 17 Stunden

durchschnittliche Temperatur im Winter: 2°C

Freiburg

Einwohner: 220 000

durchschnittliche Temperatur im Sommer: 20,5 Grad

durchschnittliche Anzahl der Sonnenstunden pro Tag: 4,9

Tageslänge im Juni: 16 Stunden

durchschnittliche Temperatur im Winter: 3,5°C

4b Lesen Sie den Text noch einmal und korrigieren Sie die Sätze.

1 Herr Jansen findet Lübeck angenehmer als Freiburg.
2 In Norddeutschland ist es im Sommer wärmer als in Süddeutschland.
3 In Freiburg scheint die Sonne weniger als in Lübeck.
4 In Freiburg sind die Tage im Sommer länger als in Lübeck.

Komparativ

Adjektiv + *-er*
interessant – interessant**er**
wenig – wenig**er**

mit Umlaut	Ausnahmen
kalt – k**ä**lt**er**	viel – mehr
groß – gr**ö**ß**er**	gut – besser
warm – w**ä**rm**er**	gern – lieber

= Lübeck ist **genauso** groß **wie** Freiburg.
≠ Berlin ist größ**er als** Lübeck.

4c Lesen Sie den Grammatikkasten und bilden Sie den Komparativ.

schlecht • heiß • nass • sonnig • hell • lang (+ Umlaut) • kurz (+ Umlaut)

5a Sehen Sie die Wetterkarte in 2a an und vergleichen Sie die Städte.

1 München – Lübeck   2 Dresden – Köln   3 Bremen – Greifswald

5b Vergleichen Sie Ihren Wohnort mit Ihrer Heimatstadt oder einer anderen Stadt.

In Madrid ist es wärmer als in Kiel.

In Warschau ist es genauso kalt wie in Berlin.

C Die Jahreszeiten

1a Die Jahreszeiten. Ordnen Sie die Monate zu.
Ü16-18

April • August • Februar • Juni • November • Januar • Mai • September

 Frühling
 Sommer
 Herbst
 Winter

März .... / .... Juli / .... Oktober / Dezember ....

1b Vergleichen Sie die Jahreszeiten. Sprechen Sie im Kurs.

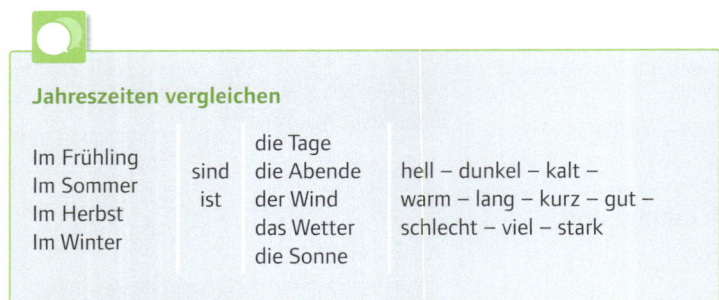

Jahreszeiten vergleichen

Im Frühling	sind	die Tage	hell – dunkel – kalt –
Im Sommer	ist	die Abende	warm – lang – kurz – gut –
Im Herbst		der Wind	schlecht – viel – stark
Im Winter		das Wetter	
		die Sonne	

Im Sommer sind die Tage länger als im Winter.

2a Jahreszeiten weltweit. Beantworten Sie die Fragen und machen Sie ein Poster.

1 Wie sind die Jahreszeiten in Ihrem Land? Wie viele Jahreszeiten gibt es?
2 Wann ist es warm, wann ist es kalt, wann regnet oder schneit es?
3 Wann ist es wärmer als in Deutschland?
4 Wann ist es kälter als in Deutschland?
5 Wo regnet es mehr, in Deutschland oder in Ihrem Heimatland?

2b Präsentieren Sie das Poster und berichten Sie.

Wie sind die Jahreszeiten in Brasilien?

In Brasilien ist es im August kälter als im Dezember.

D Urlaub

1 Lesen Sie die Anzeigen und ordnen Sie die Fotos zu.

① Günstige Städtetouren in alle deutschen Großstädte, zum Beispiel drei Tage Köln: Stadtrundfahrt, Museumsbesuche und eine Fahrt auf dem Rhein. Anreise am Freitag und Abfahrt am Sonntag. Preiswerte Übernachtung in Hostels oder Hotels.

② Kommen Sie zu uns nach Bayern. Ein Urlaub auf dem Bauernhof ist Spaß und Erholung für die ganze Familie. Sie können Brot backen, Tiere füttern und es gibt viele interessante Erlebnisse auch schon für die ganz Kleinen.

③ Der Spreewald, ein einzigartiges Wasserlabyrinth mit mehr als 500 km Wasserwegen, lädt zu Kanutouren ein. Sie können bequem in Ferienwohnungen oder auf den idyllischen Campingplätzen übernachten.

2a Hören Sie Herrn Meitner, Herrn Nowak und Frau Topal. Wo möchten sie Urlaub machen? Welche Anzeige passt? Notieren Sie.

2b Hören Sie noch einmal und ergänzen Sie dann die Sätze.

Aktivurlaub • auf dem Bauernhof •
viel Platz zum Spielen • eine Kanutour machen •
Großstädte besichtigen • Konzerte besuchen

für + Akkusativ
Das ist wichtig **für mich**.

Herr Meitner möchte .... Urlaub machen. Dort haben

seine Kinder ....

Herr Nowak möchte .... machen. Er möchte ....

Frau Topal möchte .... Sie möchte ....

3 Und Sie? Was finden Sie gut? Was ist für Sie wichtig? Was möchten Sie im Urlaub machen? Was macht man in Ihrem Heimatland im Urlaub? Berichten Sie im Kurs.

13 Sprechen aktiv

Wörter sprechen

1 Hören Sie den Plural und schreiben Sie den Singular mit dem passenden Artikel. Lesen Sie dann die Wörter laut.

1 *das Meer*   2 ....   3 ....   4 ....

5 ....   6 ....   7 ....   8 ....

2 a Markieren Sie den Wortakzent und lesen Sie die Jahreszeiten und Monate laut.

der Fr**ü**hling: M**ä**rz – April – Mai   der Sommer: Juni – Juli – August

der Herbst: September – Oktober – November   der Winter: Dezember – Januar – Februar

2 b Jahreszeiten und Freizeitaktivitäten. Fragen und antworten Sie.

Ski fahren • schwimmen gehen • Radtouren machen • grillen • joggen • wandern • zu Hause bleiben und Musik hören • spazieren gehen

Was kann man im Frühling gut machen?

Im Frühling kann man gut spazieren gehen.

Grammatik sprechen

3 a Hören Sie die Beispiele und sprechen Sie nach.

1 • Ist es morgen kalt?   • Ja, kälter als heute!
2 • Ist es morgen sonnig?   • Ja, sonniger als heute!

3 b Arbeiten Sie zu zweit. Fragen und antworten Sie wie in 3a.

1 Ist es morgen windig?   4 Schneit es morgen viel?
2 Regnet es morgen viel?   5 Ist es morgen heiß?
3 Ist das Wetter morgen gut?   6 Ist es morgen bewölkt?

4 a Schreiben Sie Antworten. Es gibt mehrere Möglichkeiten.

1 Ich spreche so schlecht Deutsch.
2 Meine Arbeit ist so langweilig.
3 Ich habe so viel Arbeit.
4 Ich habe wenig Zeit.
5 Meine Wohnung ist sehr klein.

Nein, du sprichst doch genauso gut Deutsch wie ich.

4 b Arbeiten Sie zu zweit. Fragen und antworten Sie.

Minidialoge sprechen

5 Ordnen Sie zu und sprechen Sie dann die Minidialog zu zweit.

1 • Möchten Sie eine Reservierung?
2 • Wann möchten Sie abfahren?
3 • Haben Sie eine BahnCard?
4 • Sie können um 9.05 Uhr ab Hauptbahnhof fahren. Um 12.45 Uhr sind Sie in München.
5 • Fährt der Zug nach Hamburg von Gleis 24?

☐ • Muss ich umsteigen?
☐ • Nein, danke.
☐ • Nein, heute von Gleis 3.
☐ • Ich muss um 13 Uhr ankommen.
☐ • Nein, ich habe keine.

Flüssig sprechen

6 Hören Sie zu und sprechen Sie nach.

2.66

Dialogtraining

VIDEO

Clip 18
Seite 171

7a Hören Sie den Dialog. Was hat die Familie im Urlaub gemacht? Kreuzen Sie an.

2.67

☐ eine Stadtrundfahrt ☐ einen Umzug ☐ eine Flugreise

- In der Schule reden bestimmt alle vom Urlaub. Was soll ich dann sagen?
- Du kannst sagen: Wir sind von Mannheim nach Berlin gefahren – mit ganz vielen Möbeln.
- Hört mal, das war wirklich eine einzigartige Städtetour. Der Lkw war so bequem – viel bequemer als ein Flugzeug.
- Die Anreise war etwas anstrengend. Wir haben alle unsere Kleidung in Umzugskartons mitgenommen. Und wir haben sie selbst getragen.
- Im Reisebüro heißt das Aktivurlaub! Das ist teurer als Erholung!
- Wir hatten eine tolle Ferienwohnung mit einer fantastischen Aussicht. Sie war wirklich idyllisch. Und sie war so preiswert. Deshalb wohnen wir da immer noch! Jetzt schon zwei seit Wochen!
- Ja. Und das Wetter war auch gut. Wir hatten viel Sonne und angenehme Temperaturen. Hier und da war mal eine Wolke, aber wir hatten keinen Regen. Wunderschön!
- Und einmal waren wir in Potsdam! Das war ein tolles Erlebnis! Potsdam hat mir besser gefallen als Paris. Wir hatten so viel Spaß.
- Was für ein Sommer!

7b Sprechen Sie den Dialog zu dritt. Tauschen Sie die Rollen drei Mal.

Kommunikation

über Landschaften und Reisen sprechen

- Wo waren Sie schon? Was haben Sie dort gemacht?
- Ich war schon oft in München. Ich habe dort meine Tante besucht.
- Ich mache gerne mit den Kindern Urlaub auf dem Bauernhof.
- Ich war schon oft am Meer. Ich bin geschwommen und am Strand spazieren gegangen.

eine Fahrkarte kaufen und nach Informationen fragen

Ich hätte gerne eine Fahrkarte 2. Klasse nach Oldenburg.
Ich habe eine BahnCard 25.
Muss ich umsteigen oder fährt der Zug direkt?
Fährt der Zug nach Hamburg von Gleis drei ab?

über das Wetter und die Jahreszeiten sprechen

Gestern war es kalt und es hat geregnet. Heute scheint die Sonne.
Im Winter ist es kälter als im Sommer. Meistens gibt es Schnee.
In Deutschland gibt es vier Jahreszeiten, bei uns gibt es nur zwei Jahreszeiten.
In meinem Heimatland ist es im Dezember wärmer als im August.
Bei uns regnet es im Sommer weniger als in Deutschland und es ist sehr heiß.

Grammatik

Pronomen *es*

Wetterwörter	andere Ausdrücke
Es regnet. / **Es** schneit. Heute ist **es** kalt. / **Es** ist windig. **Es** ist bewölkt.	Wie geht **es** Ihnen? Danke, mir geht **es** gut. Hier gibt **es** einen Park.

Präpositionen mit Akkusativ: *für, um, durch*

für		Ruhe im Urlaub ist **für** mich sehr wichtig.
um		Sie wandern **um** den See.
durch		Der Zug fährt **durch** den Tunnel.

Komparativ

Adjektiv + *-er*	Adjektiv + *-er* + Umlaut	Ausnahmen
hell – hell**er** interessant – interessant**er** schnell – schnell**er** langsam – langsam**er** schön – schön**er**	groß – größ**er** kalt – kält**er** warm – wärm**er**	gern – **lieber** gut – **besser** viel – **mehr**

Kairo ist **genauso groß** wie Bangkok.   Istanbul ist größ**er als** London.

Zusammen leben

vor dem Haus | hinter dem Haus | im Haus

Sie lernen

- beschreiben, wie Sie wohnen
- Smalltalk machen
- über Probleme im Haus sprechen
- einen formellen Brief schreiben
- über Kinderbetreuung sprechen
- Satzverbindungen mit *denn* und *aber*

1 2.68 Ü1 Ordnen Sie die Wörter zu. Hören Sie dann und kreuzen Sie an: Welche Wörter hören Sie?

☐☐ der Balkon ☐☐ der Hof
☐☐ die Tür ☐☐ der Hund
☐☐ die Hausnummer ☐☐ die Klingel ☐☐ das Fahrrad
☐☐ der Kinderwagen ☐☐ die Treppe ☐☐ der Aufzug
☐☐ die Mülltonne ☐☐ das Licht ☐☐ das Treppenhaus

2a Ü2-3 Sehen Sie die Fotos an und sprechen Sie über das Haus.

> Hinter dem Haus ist ein Hof.

> Der Hof gefällt mir.

> Im Hof ist ...

2b Ü4-5 Fragen Sie Ihren Partner / Ihre Partnerin.

1. Wie wohnen Sie?
2. Wer wohnt noch in Ihrem Haus?
3. Was gibt es vor/hinter Ihrem Haus?
4. Was gibt es in Ihrem Haus?
5. Hat Ihr Haus einen Aufzug?

> Ich wohne in einem Mietshaus im dritten Stock.

einhundertfünfundvierzig 145

14 A Die Nachbarn

1 a Sehen Sie die Fotos an. Was passiert hier? Sprechen Sie im Kurs.

1 b Hören Sie die Dialoge und ordnen Sie die Fotos zu.
2.69-72

1 c Lesen Sie die Dialoge zu zweit.
Ü6-7

Dialog A
- Entschuldigung, ich möchte nicht stören, aber ich habe eine Bitte.
- Nein, nein, Sie stören überhaupt nicht, kann ich Ihnen helfen?
- Ich backe gerade einen Kuchen und habe keine Eier mehr. Können Sie mir vielleicht drei Eier geben?
- Aber gerne, warten Sie, ich hole die Eier, … so, hier sind sie.
- Vielen Dank!
- Gern geschehen.

Dialog B
- Guten Tag, ich glaube, der Paketdienst hat bei Ihnen ein Paket für mich abgegeben.
- Ja, Moment, hier ist es.
- Vielen Dank.
- Kein Problem, ich bin ja viel zu Hause.

Dialog C
- Guten Tag!
- Guten Tag, Frau Wagner, Sie wollen bestimmt Lena abholen.
- Ja, genau.
- Hallo, Mama, wir malen gerade.
- Hallo, Lena, komm, wir gehen nach Hause.
- Sie kann gerne noch ein bisschen bleiben und wollen Sie nicht reinkommen?
- Ach ja, gerne, warum nicht?
- Ich trinke gerade einen Tee. Möchten Sie auch eine Tasse?
- Oh, vielen Dank.

Dialog D
- Guten Tag!
- Guten Tag!

1 d Mit den Nachbarn sprechen. Wählen Sie eine Situation aus. Spielen Sie Dialoge.
Ü8

1. Suppe kochen – kein Salz haben
2. in den Urlaub fahren – Blumen gießen
3. Paketdienst hat ein Päckchen abgegeben
4. den Sohn Marko abholen – mit Playmobil spielen – ein Stück Kuchen essen

2 Wo treffen Sie Ihre Nachbarn? Sprechen Sie mit Ihren Nachbarn? Erzählen Sie.

im Treppenhaus • auf der Treppe • im Hof • an den Briefkästen • auf dem Spielplatz • an der Tür

Ich treffe meine Nachbarn im Treppenhaus. Ich spreche manchmal mit meinen Nachbarn.

3 Ein Hoffest. Lesen Sie die Einladung und kreuzen Sie an: Richtig oder falsch?

Einladung zum Hoffest!

Wie jedes Jahr im Juli wollen wir alle zusammen feiern: am Samstag, den 6. Juli, im Hof in der Schlossstraße 5. Es gibt Getränke, einen Grill und Musik. Bringen Sie Stühle, Tische und Essen und vor allem gute Laune mit.

Das Festkomitee

	R	F
1 Das Fest ist im Winter.	☐	☐
2 Das Fest findet zum ersten Mal statt.	☐	☐
3 Alle Nachbarn sind eingeladen.	☐	☐
4 Man soll einen Grill mitbringen.	☐	☐
5 Man muss Essen selbst mitbringen.	☐	☐

4a Smalltalk. Lesen Sie die Sätze und hören Sie dann die Dialoge von der CD. Welche Sätze hören Sie? Kreuzen Sie an.

☐ Wohnen Sie auch hier im Haus?
☐ Hallo, ich glaube wir haben uns schon oft gesehen, ich heiße …
☐ Guten Abend, das Hoffest war eine gute Idee!
☐ Die Musik ist toll, wollen wir tanzen?
☐ Mhm, das schmeckt gut, haben Sie das selbst gemacht?
☐ Sind Sie auch neu hier in der Schlossstraße?
☐ Schönes Wetter heute.
☐ Wir haben wirklich Glück mit dem Wetter!

4b Was kann man antworten? Sammeln Sie passende Antworten.

5 Spielen Sie Smalltalk-Gespräche im Kurs. Sprechen Sie 20 Sekunden mit einem Partner / einer Partnerin, dann wechseln Sie. Die Sätze aus 4a helfen Ihnen.

Schönes Wetter heute.

Ja, wir haben heute wirklich Glück. Die ganze Woche hat es geregnet. Und jetzt – wunderbar!

14 B Probleme im Haus

1 a Ordnen Sie die Bilder den Sätzen zu.

 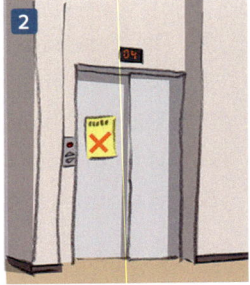  

- ☐ Die Klingel funktioniert nicht.
- ☐ Das Licht geht nicht.
- ☐ Der Aufzug ist kaputt.
- ☐ Die Mülltonnen sind sehr klein.
- ☐ Die Nachbarn sind sehr laut.
- ☐ Die Heizung ist kaputt.

1 b Sehen Sie das Foto an und lesen Sie den Dialog. Wählen Sie dann ein Problem in 1a aus und spielen Sie einen Dialog mit dem Hausmeister.

Tut mir leid, ich habe jetzt keine Zeit. Es geht erst morgen.

Guten Tag, Herr Meier, ich habe ein Problem. Die Klingel funktioniert nicht.

2 a (2.74) Hören Sie den Dialog. Über welche Probleme sprechen Herr Wagner und Herr Lischka?

2 b Hören Sie noch einmal und beantworten Sie die Fragen.
Ü11–12

1. Wann kommt die Müllabfuhr das nächste Mal?
2. Wann hat das Licht im Treppenhaus nicht funktioniert?
3. Wo wohnt Herr Wagner?
4. Wo wohnt Herr Lischka?
5. Wann geht Herr Wagner zu Herrn Lischka?
6. Was wollen Herr Wagner und Herr Lischka machen?

3 a Einen formellen Brief schreiben. Lesen Sie den Brief von Herrn Wagner und Herrn Lischka. Welchen Vorschlag machen sie?

☐ Nikolai Lischka und Hans Wagner
Naumannstraße 11
10829 Berlin

☐ Hausverwaltung Wartemann
Frau Fröhlich
Kaiserdamm 47a
13284 Berlin

☐ Berlin, den 18. April 2015

☐ **Mülltonnen in der Naumannstraße 11**

☐ Sehr geehrte Frau Fröhlich,

☐ wir haben ein Problem: Wir alle im Haus haben viel Müll, aber die Mülltonnen sind sehr klein. Deshalb stellen einige Nachbarn den Müll neben die Tonnen. Das ist nicht gut, denn der Hof ist immer schmutzig und es riecht oft schlecht. Manchmal können wir die Fenster zum Hof nicht aufmachen. Das ist für alle sehr ärgerlich.

Können Sie bitte noch eine Mülltonne bei der Stadtreinigung bestellen?

Vielen Dank!

☐ Mit freundlichen Grüßen

N. Lischka   H. Wagner

3 b Wie schreibt man einen formellen Brief? Ordnen Sie die Punkte 1–7 im Brief zu.

1 Ort und Datum
2 Absender (Name und Adresse)
3 Gruß und Unterschrift
4 Betreff
5 Anrede: „Sehr geehrter Herr … / Sehr geehrte Frau …"
6 Empfänger (Name und Adresse)
7 Text

4 a Probleme. Was passt zusammen? Verbinden Sie die Sätze mit *denn* oder *aber*.

Satzverbindungen

	0	1	2	
Das ist nicht gut,	**denn**	der Hof	ist	immer schmutzig.
Wir haben viel Müll,	**aber**	die Mülltonnen	sind	sehr klein.

1 Wir wollen mit dem Kinderwagen in die Wohnung.
2 Es ist gefährlich im Treppenhaus.
3 Besuch kann nicht ins Haus kommen.
4 Wir wollen unsere Fahrräder im Keller abstellen.

denn
aber

A Das Licht funktioniert nicht.
B Die Klingel ist kaputt.
C Wir haben keinen Schlüssel für den Fahrradraum.
D Der Aufzug ist kaputt.

4 b Wählen Sie ein Problem aus 4a und schreiben Sie zu zweit einen formellen Brief.

C Auf dem Spielplatz

1 Schreiben Sie Sätze zu dem Bild.

A	Im Sandkasten	kommt	auf den Bänken.
B	Ein Junge	sitzt	zwei Kinder.
C	Zwei Frauen	sieht	Durst.
D	Ein Junge	sitzen	auf der Rutsche.
E	Der Junge	sitzt	neugierig aus.
F	Ein Mädchen	spielen	zu den Frauen.
G	Das Mädchen	hat	auf der Schaukel.

2 a Lesen Sie die beiden Texte. Hören Sie dann den Dialog und kreuzen Sie an. Welcher Text passt?

☐ **A**
Zwei Frauen sind auf einem Spielplatz. Ein Kind hat Durst und so fängt das Gespräch zwischen den Frauen an. Sie reden über den Spielplatz und über den Kindergarten.

☐ **B**
Die zwei Frauen sind Freundinnen. Sie kommen oft zusammen auf den Spielplatz. Beide haben ein Kind. Sie wohnen in der Nähe und reden über Sprachprobleme.

2 b Hören Sie noch einmal und kreuzen Sie an: Richtig oder falsch?

		R	F
1	Der Junge möchte trinken.	☐	☐
2	Seine Mutter gibt ihm Tee.	☐	☐
3	Am Anfang sagen Gabrielle und Anna „du".	☐	☐
4	Das Mädchen ist drei Jahre alt.	☐	☐
5	Die Kinder gehen schon in den Kindergarten.	☐	☐
6	Die Tochter von Gabrielle spricht Französisch.	☐	☐
7	Sie versteht ein bisschen Deutsch.	☐	☐

3a Wie geht es weiter? Sammeln Sie zu zweit Ideen und stellen Sie sie im Kurs vor.

Die Frauen trinken …

Sie gehen zusammen …

Die Kinder streiten …

3b Hören Sie den Dialog weiter. Was haben Anna und Gabrielle wirklich gemacht? Kreuzen Sie in 3a an.

4 Was passt zusammen? Ordnen Sie zu und erzählen Sie die Geschichte.

1	Gestern war Anna	sind zu Anna gegangen und haben Kaffee getrunken.
2	Manuel hatte	Gabrielle.
3	Eine Frau hat	Anna Tee für Manuel gegeben.
4	Sie heißt	in den Kindergarten.
5	Gabrielle hat	mit Manuel auf dem Spielplatz.
6	Manuel geht bald	eine Tochter. Sie heißt Melinda und ist 3 Jahre alt.
7	Dann hat es geregnet und alle	Durst.

5a Kinderbetreuung in Deutschland. Lesen Sie und beantworten Sie die Fragen.

1 Wer kann Kinder betreuen?
2 Ab wie viel Jahren haben Kinder einen Anspruch auf einen Kindergartenplatz?
3 Mit wie viel Jahren gehen Kinder meistens in den Kindergarten?

> **Kinderbetreuung in Deutschland**
> Kinder haben ab dem zweiten Lebensjahr einen Anspruch auf eine ganztägige Betreuung.
> Die Betreuung kann in einer Kita (Kindertagesstätte) oder bei einer Tagesmutter sein. Eine Tagesmutter betreut drei bis fünf Kinder und bekommt dafür Geld.
> Ab dem dritten Lebensjahr haben Kinder einen Anspruch auf einen Kindergartenplatz.
> Die meisten Kinder gehen mit drei Jahren in den Kindergarten.

5b Wie ist das in Ihrer Heimat? Gibt es Kindergärten? Wer betreut die Kinder? Vergleichen Sie.

> **über Kinderbetreuung sprechen**
> Kinder mit … Jahren gehen …
> Ich finde, die Kinderbetreuung in … ist besser/schlechter als in ….
> Ich glaube, es gibt mehr/weniger Kindergärten ….
> Die Kinder gehen früher/später in …
> Die Großeltern betreuen …

14 Sprechen aktiv

Wörter sprechen

1 a Sehen Sie die Fotos an, hören Sie und ordnen Sie zu.

2.77

1 b Ergänzen Sie, hören Sie dann noch einmal und sprechen Sie nach.

1 im .... spielen
2 auf der .... sitzen
3 im .... Nachbarn treffen
4 ein .... abholen
5 mit dem .... fahren
6 .... gießen

1 c Was machen die Personen gerade? Fragen und antworten Sie.

> Was machen die Kinder auf Foto 1 gerade?

> Sie spielen gerade im Sandkasten.

Minidialoge sprechen.

2 a Smalltalk. Ordnen Sie zu.

1 Das schmeckt wirklich sehr gut.
2 Wohnen Sie schon lange hier?
3 Es sind wirklich viele Nachbarn gekommen.
4 Die Musik ist wirklich sehr gut.
5 Das Wetter ist wirklich sehr gut.

A ☐ Ja, wir haben wirklich Glück. Ich habe den Wetterbericht gehört. Morgen regnet es.
B ☐ Ja, das stimmt, aber ich kenne nicht viele, denn ich bin neu hier.
C ☐ Vielen Dank. Das ist eine Spezialität aus meiner Heimat.
D ☐ Nein, ich wohne erst seit zwei Monaten hier im Haus. Und Sie?
E ☐ Mir gefällt sie auch. Man kann sehr gut tanzen.

2 b Sprechen Sie die Minidialoge zu zweit.

Grammatik sprechen

3 a Ordnen Sie zu.

1	Ich habe keine Zeit,	A	morgen habe ich Zeit.
2	Er kann nicht arbeiten,	B	morgen geht es.
3	Sie gehen morgen zum Standesamt, denn	C	sie wollen heiraten.
4	Wir müssen warten, aber	D	das Auto ist kaputt.
5	Sie wollen einen Ausflug machen,	E	die Ampel ist rot.
6	Heute kann ich nicht kommen,	F	er ist krank.

3 b Sprechen Sie die Sätze in 3a zu zweit.

Wir müssen warten, ...

... denn die Ampel ist rot.

Flüssig sprechen

4 Hören Sie zu und sprechen Sie nach.

Dialogtraining

5 a Hören Sie den Dialog. Was wollen die beiden Männer zusammen machen? Kreuzen Sie an.

- ☐ einen Computer reparieren
- ☐ eine Fahrkarte kaufen
- ☐ ein Flugticket kaufen
- ☐ die Tochter anrufen

● Sie fahren nach Spanien, Herr Walter? Wann fahren Sie denn?
● Ich weiß es noch nicht genau. Ich habe noch keinen Flug. Wissen Sie, ich bin lange nicht mehr gereist. Das ist für mich nicht so einfach.
● Ja, das verstehe ich gut. Wir können Ihnen gern helfen.
● Oh, das ist nett! Ich brauche ein Flugticket. Meine Tochter sagt, ich soll es im Internet kaufen. Aber ich kann das nicht. Und das ist für mich sehr ärgerlich.
● Ach, das können wir doch einfach zusammen machen. Vielleicht morgen Abend?
● Aber ich möchte wirklich nicht stören – am Sonntag.
● Überhaupt kein Problem! Sie stören nicht.
● Ja, dann: Warum nicht? Gern. Das ist aber wirklich nett von Ihnen. Vielen Dank!

5 b Sprechen Sie den Dialog zu zweit: zuerst ruhig, dann laut, dann sehr schnell.

Gewusst wie

Kommunikation

beschreiben, wie Sie wohnen

Ich wohne in einem Mietshaus im dritten Stock. Hinter unserem Haus ist ein Hof. Da stehen unsere Fahrräder und die Mülltonnen. Das Haus gefällt uns gut, die Nachbarn sind nett, wir wohnen gerne da.

über Probleme im Haus sprechen

Die Klingel funktioniert nicht.
Das Licht geht nicht.
Der Aufzug ist kaputt.

Smalltalk – in Kontakt kommen

- Sind Sie auch neu hier?
- Wir haben uns schon oft gesehen, mein Name ist …
- Schönes Wetter heute.
- Ja, wir haben wirklich Glück mit dem Wetter.

über Kinderbetreuung sprechen

Kinder mit drei Jahren gehen meistens in den Kindergarten.
In meiner Heimat gehen Kinder früher/später in den Kindergarten.

einen formellen Brief schreiben

Absender:	Juliane Schulze Adornoweg 4 80997 München
Datum:	München, den 15.10.2015
Empfänger:	Hausverwaltung Schönbeck Franz-Metzner-Straße 5 80937 München
Betreff:	Aufzug im Adornoweg 4
Anrede:	Sehr geehrte Frau …, / Sehr geehrter Herr …, / Sehr geehrte Damen und Herren, …
Gruß:	Mit freundlichen Grüßen
Unterschrift:	*J. Schulze*

Grammatik

Satzverbindungen mit *aber – denn – und – oder*

	0	1	2	
Heute habe ich keine Zeit.		Morgen	komme	ich gern.
Heute habe ich keine Zeit,	**aber**	morgen	komme	ich gern.
Ich möchte ins Kino gehen.		Ich	möchte	den James-Bond-Film sehen.
Ich möchte ins Kino gehen,	**denn**	ich	möchte	den James-Bond-Film sehen.
Wir gehen morgen ins Kino.		Wir	sehen	den neuen James-Bond-Film.
Wir gehen morgen ins Kino	**und**	(wir)	sehen	den neuen James-Bond-Film.
Kommst du auch mit?			Musst	du noch arbeiten?
Kommst du auch mit	**oder**		musst	du noch arbeiten?

Station 4

Dialoge spielen

1 Acht Situationen. Arbeiten Sie zu zweit. Wählen Sie drei Situationen aus, machen Sie Notizen und spielen Sie die Dialoge mit Ihrem Partner / Ihrer Partnerin.

① Sie haben Zahnschmerzen. Rufen Sie beim Zahnarzt an und bitten Sie um einen Termin.

② Sie möchten von der Sprachschule zu einem Supermarkt. Fragen Sie nach dem Weg.

③ Was haben Sie vor einem Jahr gemacht? Machen Sie ein Partnerinterview.

④ Sie haben um 10.30 Uhr einen Termin im Standesamt bei Frau Becker. Fragen Sie nach ihrem Büro.

⑤ Sie sind in einer Behörde und lesen ein Schild: *Formulare*. Sie verstehen das Wort nicht. Fragen Sie Ihren Nachbarn.

⑥ Sie sind im Kaufhaus und suchen eine Hose. Fragen Sie nach Größen und Farben.

⑦ Sie wollen eine Fahrkarte von Flensburg nach Obersdorf kaufen. Die Karte kostet 142 Euro ohne BahnCard und 106,50 Euro mit BahnCard.

⑧ Sie treffen Ihren Nachbarn im Treppenhaus. Sie sprechen über das Wetter.

4 Diversität und Interkulturalität

Über Migration sprechen

1a Hören Sie das Gespräch. Welche Sätze passen nicht? Kreuzen Sie an.
(2.80)

Saida und Abdel sprechen über
- A ☐ die Sprachschule.
- B ☐ ihre Pläne für die Zukunft.
- C ☐ ihren Weg nach Deutschland.
- D ☐ ihr Heimatland.
- E ☐ den Sprachunterricht.

- Hallo, dürfen wir uns zu dir setzen?
- Aber klar. Nehmt Platz. Ich bin Amelia. Ich komme aus Malaysia. Könnt ihr euch auch kurz vorstellen?
- Gerne. Ich bin Saida und das ist Abdel. Wir kommen aus Syrien.
- Wir machen jetzt einen B1-Kurs. Und du?
- Ich mache einen B2-Sprachkurs. Ihr kommt also aus Syrien? Wie lange seid ihr schon hier in Deutschland?
- Seit 2015. Wir können jetzt in Deutschland bleiben, denn in unserem Land ist immer noch Krieg. Unsere Stadt ist jetzt kaputt.
- Wie seid ihr nach Deutschland gekommen?
- Wir sind zuerst nach Ägypten geflohen und dann sind wir über das Mittelmeer nach Italien und dann nach Deutschland gekommen.
- Eure Reise war bestimmt nicht leicht.
- Nein, es war furchtbar. Wir waren vier Tage in einem Boot auf dem Meer.
- Ja, das war schrecklich. Wir sprechen nicht gerne über unsere Flucht.
- Das verstehe ich. Wechseln wir das Thema. Wann ist euer Sprachkurs zu Ende?
- Wir haben in vier Wochen unsere Sprachprüfung.
- Was wollt ihr danach machen?
- Wir wollen einen B2-Kurs machen. Denn viele Leute sagen, dass B1 nicht genug ist, wenn man eine gute Arbeit finden will.
- Ich war Journalistin in meiner Heimat, aber hier kann ich jetzt noch nicht als Journalistin arbeiten. Aber vielleicht kann ich später ein Praktikum bei einer Zeitung machen. Das kann am Anfang gut sein.
- Ich habe in meiner Heimat Autos repariert und das macht mir viel Spaß. Ich kann gut Autos reparieren und habe viel Erfahrung, aber ich habe keine richtige Ausbildung. Ich möchte später gerne eine Ausbildung in diesem Beruf machen.

1b Hören und lesen Sie den Dialog noch einmal und beantworten Sie die Fragen.
(2.80)

1. Wie ist die Situation im Heimatland von Saida und Abdel?
2. Wie war ihr Weg nach Deutschland?
3. Welche Pläne für die Zukunft haben sie?

2 Lesen Sie die Texte und ergänzen Sie die Tabelle.

Saida und Abdel sind Flüchtlinge. Sie kommen aus Syrien. Saida war Journalistin und Abdel hat als Automechaniker gearbeitet. Ihre Flucht nach Deutschland war sehr kompliziert. Sie sind zuerst nach Ägypten geflohen und dann nach Italien gekommen. Von Italien sind sie mit dem Zug nach Deutschland gefahren. Hier haben sie einen Asylantrag gestellt. Saida hat einen Onkel in Deutschland und der Bruder von Abdel lebt schon lange in Deutschland. Saidas Eltern sind noch in Syrien. Saida telefoniert jede Woche mit ihren Eltern.

Amelia lebt seit 2015 in Deutschland. Ihr Mann ist Deutscher. Sie hat ihn in Malaysia kennengelernt. Dort hat er für eine Firma gearbeitet. Amelia ist mit ihrem Mann nach Deutschland umgezogen. Amelia ist Ingenieurin von Beruf. Nach dem B2-Kurs möchte sie wieder als Ingenieurin arbeiten. Ein Bruder von Amelia lebt auch in Deutschland. Ihre Eltern leben in Malaysia, ihre Schwester lebt in Japan.

Name	Woher?	Familie?	Wo?	Beruf
Saida				
Abdel				
Amelia				

3 Über welches Thema möchten Sie gerne sprechen? Wählen Sie ein Thema. Machen Sie Notizen. Berichten Sie dann im Kurs.

A ☐ Mein Heimatland   B ☐ Meine Familie   C ☐ Meine Pläne für die Zukunft

Mein Heimatland ist in …
Die Situation ist gut/schwierig/schlecht.
Den Menschen geht es …
Wir hatten/haben Krieg.
Es ist Frieden.
Wir alle wollen Frieden.

Nach dem Kurs möchte ich eine Arbeit suchen / eine Ausbildung machen / studieren / weiter Deutsch lernen.
Mein Berufswunsch ist …
Ich möchte gerne meine Familie nach Deutschland holen.

Partnerseiten

Seite 111 – Das hat Tereza gemacht.

3 Fragespiel. Richtig oder falsch? Was hat Tereza gestern gemacht? Arbeiten Sie zu zweit. Sie haben die richtigen Informationen.

Partner/in B

Das hat Tereza gemacht:

am Morgen um acht Uhr:	schlafen
am Vormittag:	Zeitung lesen
um 13 Uhr:	eine Fertigpizza machen
um 15 Uhr:	fernsehen
um 16 Uhr:	mit dem Auto zu einem Café fahren
im Café:	einen Kaffee trinken und zwei Stück Sachertorte essen
am Abend:	früh einschlafen

> Tereza sagt, sie hat morgens um acht Uhr die Wohnung aufgeräumt.

> Das stimmt nicht. Sie hat um acht Uhr geschlafen.

Seite 120 – Ein Formular

2b Fragen Sie Ihren Partner / Ihre Partnerin und tragen Sie seine/ihre Daten in das Formular ein.

Anmeldebestätigung

Neue Wohnung			Alte Wohnung		
Tag des Einzugs			Straße, Hausnummer		
Straße, Hausnummer			Gemeinde		
Gemeinde			Familienname		
Vermieter			Vorname		
Die Wohnung ist	Hauptwohnung		Geburtsort		
	Nebenwohnung				
Familienstand			männl.		Geburtsdatum
			weibl.		
berufstätig	ja		Staatsangehörigkeit		
	nein				

Wo haben Sie früher gewohnt?
Wo wohnen Sie jetzt?
Wann sind Sie geboren?
Wie heißt Ihr Vermieter?
Wann ist der Tag des Einzugs?
Ist die Wohnung Ihre Hauptwohnung?
Was ist Ihre Staatsangehörigkeit?
Sind Sie verheiratet?
Wo sind Sie geboren?

Entschuldigung, bitte wiederholen Sie.

Wie schreibt man das? Können Sie bitte buchstabieren?

Partnerseiten

Seite 136 – Im Bahnhof

2 Lesen Sie die Anzeigetafel. Fragen und antworten Sie. Notieren Sie die Informationen.

Partner/in B: Köln? • Berlin? • Münster?

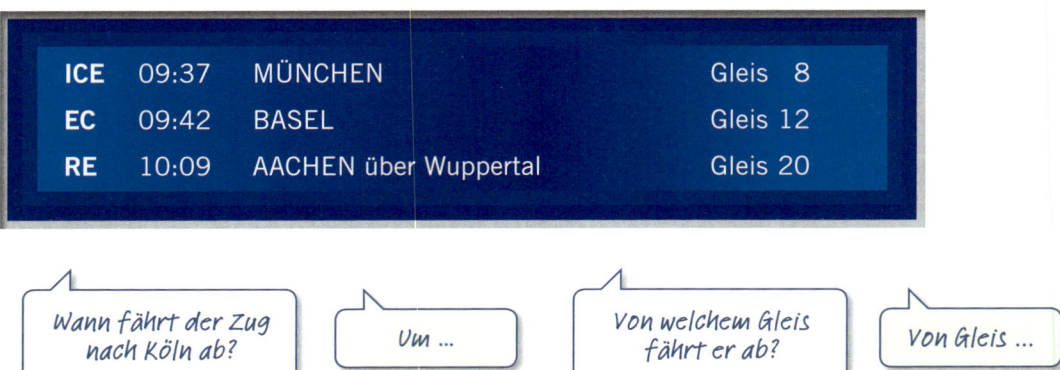

160   einhundertsechzig

Phonetik

Gute Besserung!

Das *pf*

1 Hören Sie und sprechen Sie nach.

pffffff   pfffff   der Kopf – der Schnupfen

Mein Kopf tut weh. Ich habe Kopfschmerzen und Schnupfen.

Sprechen Sie das **p** nicht zu stark, das **f** muss man deutlich hören.

Das *z*

2 a Hören Sie und sprechen Sie nach.

der Zahn – der Zucker – die Zeit – die Schmerzen – die Ärztin – bezahlen – jetzt

Das **z** (und das **tz**) spricht man wie ein **ts**.

2 b Hören Sie und sprechen Sie nach.

die Nationalität – die Information

Die Endung **tion** spricht man **zion**.

2 c Machen Sie Dialoge wie im Beispiel. Achten Sie auf das *z*.

- Sie haben Kopfschmerzen: Wohin gehen Sie?
- Zum Hausarzt.

Zahnschmerzen	→ zum Zahnarzt
Ohrenschmerzen	→ zum Hals-Nasen-Ohren-Arzt
Schmerzen im Auge	→ zum Augenarzt
Halsschmerzen	→ zum Hausarzt
Schmerzen in der Brust	→ zum Krankenhaus
Rückenschmerzen	→ zum Hausarzt
Ihr Kind hat Bauchschmerzen.	→ zum Kinderarzt

   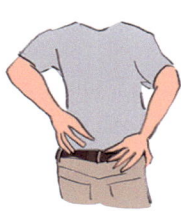 

Phonetik

9 **Wege durch die Stadt**

Das *ch*

1 **Der Ach-Laut. Hören Sie und sprechen Sie nach.**
2.84

Wochenende – Besuch – machen – Kuchen
Am Wochenende kommt Besuch, ich mache einen Kuchen.

brauchen – kochen – Buch
Brauchst du ein Kochbuch?

> Nach **a**, **o**, **u** und **au** spricht man den Ach-Laut.

2 **Der Ich-Laut. Hören Sie und sprechen Sie nach.**
2.85

> Der Ich-Laut ist leicht zu sprechen. Sagen Sie *ja*, sprechen Sie ein langes *j* – *jjja*. Jetzt ohne Stimme. Holen Sie viel Luft und flüstern Sie: *jjjja*. Das ist der Ich-Laut.

Küche – gleich – rechts
Die Küche ist gleich rechts.

ich – möchte – täglich – ein bisschen – sprechen
Ich möchte täglich ein bisschen Deutsch sprechen.

3 a **Wo spricht man den Ach-Laut? Wo spricht man den Ich-Laut? Markieren Sie.**

das Buch – die Bücher – der Koch – die Köchin – die Sprache – sprechen
Welche Sprachen sprechen Sie? Welche Sprachen sprichst du?

3 b **Hören Sie zur Kontrolle und sprechen Sie nach.**
2.86

3 c **Fragen und antworten Sie.**

- Was ist Ihre Muttersprache?
- Sprechen Sie auch Spanisch?
- Sprechen Sie auch …?

- Meine Muttersprache ist …
- Ja, natürlich.
- Ja, ein bisschen. / Nein, leider nicht.

4 **Hören Sie und sprechen Sie nach.**
2.87

richtig – günstig – wenig
der Chef – die Chance
sechs – Erwachsene – wechseln

Die Endung **-ig** spricht man **-ich**.
Am Wortanfang spricht man das **ch** manchmal **sch**.
chs spricht man manchmal **ks**.

162   einhundertzweiundsechzig

Mein Leben

Das *nk*

1a Hören Sie zu.

die Bank – nach links – danke – krank – trinken – das Getränk – der Enkel – der Onkel

1b Hören Sie noch einmal und sprechen Sie nach.

Das *ng*

2a Hören Sie zu.

die Wohnung – langsam – lange geschlafen
der Hunger – dringend – bringen
die Überweisung – die Überweisungen

Beim **ng** hört man das **g** nicht.
Aber: ein·ge·kauft – un·ge·fähr – das An·ge·bot

2b Hören Sie noch einmal und sprechen Sie nach.

2c Machen Sie Dialoge wie im Beispiel.

- Wohin bist du gegangen?
- Ich bin zum Friseur gegangen.

> zur Bank • in die Disko • in die Stadt • zum Zahnarzt • zum Friseur • zum Fitnesscenter • nach Hause

Ämter und Behörden

Wortgruppen sprechen

1a Hören Sie und sprechen Sie langsam und deutlich nach.

das Auto anmelden
Kindergeld beantragen
die Wohnung anmelden
einen Antrag abgeben
ein Formular ausfüllen
den Mietvertrag unterschreiben
die Gehaltsabrechnung abgeben
das Geburtsdatum eintragen
eine Berufsberatung bekommen

Phonetik

1 b Schneller sprechen. Hören Sie und markieren Sie in 1a: Welches Wort ist betont?

1 c Hören Sie noch einmal und sprechen Sie nach.

1 d Machen Sie Dialoge wie im Beispiel. Achten Sie auf die betonten Wörter.

- Hallo, was machst du hier? Möchtest du das Auto anmelden?
- Nein, ich muss Kindergeld beantragen.

12 Im Kaufhaus

Wortakzent bei Komposita

1 a Hören Sie die Wörter und markieren Sie die Wortakzente und die Vokallänge.

die Mode	der Schmuck	der Modeschmuck
der Winter	der Mantel	der Wintermantel
der Herr	die Jacke	die Herrenjacke
der Computer	das Spiel	das Computerspiel
das Baby	die Wäsche	die Babywäsche
die Dame	der Friseur	der Damenfriseur

1 b Hören Sie noch einmal und sprechen Sie nach.

13 Auf Reisen

Das *r*

1 a Hören Sie und sprechen Sie nach.

nach Rom – nach Russland – einfach reisen –
einfach reservieren – ach, Regen

groß – grillen – die Gruppe – krank
drei – trinken – treffen – die Adresse
fragen – der Preis – der Strand – die Brücke
der Beruf – zurück – berühmt – direkt

Übung macht den Meister!

> Wenn man mit Wasser gurgelt, entsteht das deutsche hintere **r**. Ohne Wasser: Sprechen Sie ein kräftiges **g**, lösen Sie den Verschluss der Zunge langsam: **gch**. Geben Sie jetzt Ihre Stimme dazu (singen Sie): **rrrrrrr**.

1 b Hören Sie und sprechen Sie nach.

besser – lieber – schneller – langsamer – die Nummer – das Zimmer – der Computer

> Das **r** in der Endung spricht man nicht. Man spricht ein kurzes **a**.

1 c Sprechen Sie Dialoge wie im Beispiel. Achten Sie auf die Endungen.

1 Frankfurt ist groß.
2 In Deutschland ist es kalt.
3 Der Frühling ist warm.
4 Das Buch ist gut.

Ja, aber meine Stadt ist größer.

Zusammen leben

Das *h*

1 Hören Sie und sprechen Sie nach.

hinter dem Haus Hosen und Hemden
Im Hof ist ein Hund. Heute heirate ich.

2 a Hören Sie und kreuzen Sie an: Welches Wort hören Sie?

1 ☐ ihr ☐ hier   4 ☐ alt   ☐ halt
2 ☐ aus ☐ Haus   5 ☐ Ende ☐ Hände
3 ☐ Eis ☐ heiß   6 ☐ und   ☐ Hund

2 b Lesen Sie die Wortpaare laut.

Vokal + *h*

3 a Hören Sie und sprechen Sie nach.

Sie fährt zu ihrer Wohnung. Sie sieht sehr fröhlich aus.

3 b Machen Sie Dialoge wie im Beispiel. Achten Sie auf das *h*.

> Das **h** nach einem Vokal spricht man nicht, der Vokal ist immer lang: **ah, eh, ieh, oh, uh, äh, öh, üh**.

● Kann ich Ihnen helfen?
● Ja, ich hätte gern eine Hose.
● Bitte, hier sind Hosen.

> ein Hemd, -en • ein Heft, -e • ein Fahrrad, ¨-er
> ein Handy, -s • ein Hähnchen,- • ein Stuhl, ¨-e

Video

8 Gute Besserung!

1 Sehen Sie das Foto an. Was glauben Sie? Wie geht es Julia? Was hat sie? Schreiben Sie.

2 Sehen Sie Clip 10 an und beantworten Sie die folgenden Fragen.

Clip 10

1 Was hat Julia?
2 Wen ruft Corinna an?
3 Wann ist der Termin beim Arzt?
4 Welcher Wochentag ist heute?

3 Sehen Sie Clip 11 an. Was glauben Sie: Wer ist Maria? Wo ist sie? Was macht sie? Sammeln Sie Ideen.

Clip 11

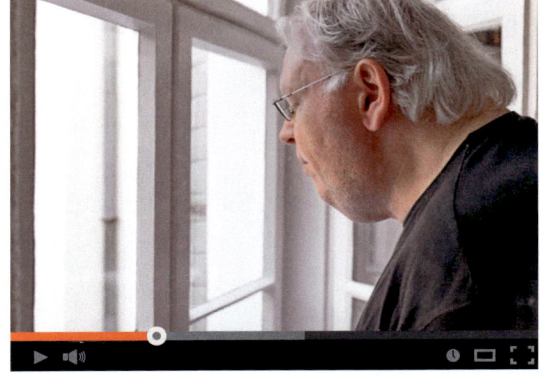

4 Sehen Sie Clip 12 an. Ergänzen Sie dann die Namen in den Sätzen.

Clip 12

Elena • Corinna • Elena, Julia und Corinna • Julia und Corinna • Julia • Elena

1 .... wohnen in der Hufelandstraße 33. .... wohnt dort im ersten Stock.

2 .... ist die Schwester von Daniel.

3 .... ist krank.

4 .... gehen zu Dr. Sommerfeld.

5 .... arbeitet bei Dr. Sommerfeld.

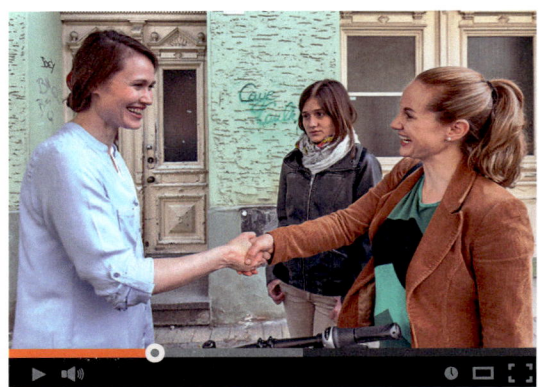

Wege durch die Stadt

1 Elena ruft Daniel an. Was glauben Sie? Was sagt Elena? Kreuzen Sie an.

- ☐ Ich habe gerade Mittagspause.
- ☐ Daniel, ich mag dich!
- ☐ Kochen wir zusammen?
- ☐ Sollen wir etwas zusammen essen?
- ☐ Ich habe heute keine Zeit.
- ☐ Deine Schwester ist sehr nett.
- ☐ Sollen wir uns treffen?

2 Sehen Sie Clip 13 an. Wer sagt was? Machen Sie eine Tabelle im Heft.

> Sollen wir uns treffen? • Wow! Du rufst an! • Sollen wir etwas zusammen essen? • Ich habe gerade Mittagspause. • Hast du ein bisschen Zeit? • Ich bin vor der Praxis. • Oh, ich bin ganz in der Nähe. • Wo sollen wir uns treffen?

Elena	Daniel

3a Wo ist wer oder was? Sehen Sie Clip 13 noch einmal an und kreuzen Sie an.

1. Elena ist ☐ an der Bäckerei. ☐ vor der Praxis.
2. Die Praxis ist ☐ in der Hufelandstraße. ☐ in der Christburger Straße.
3. Daniel ist ☐ in 10 Minuten da. ☐ in der Nähe.
4. Der Thailänder ist ☐ in der Hagenauer Straße. ☐ in der Hufelandstraße.

3b Wie soll Elena fahren? Zeichnen Sie den Weg in den Stadtplan ein.

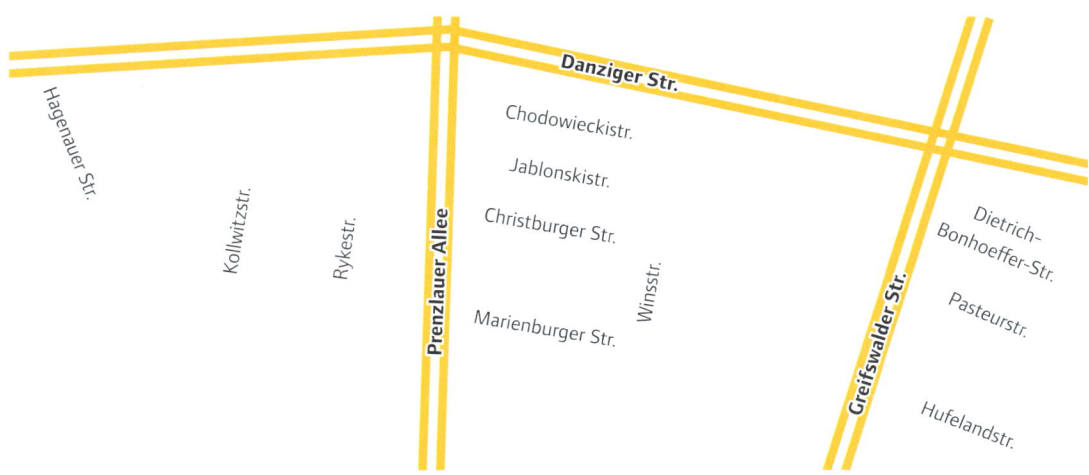

Video

10 Mein Leben

1a Sehen Sie Clip 14 ohne Ton an. Was glauben Sie? Was ist richtig? Kreuzen Sie an.

1 Wie ist die Information im Brief?
- ☐ schlecht
- ☐ schön
- ☐ langweilig
- ☐ wichtig

2 Wer hat den Brief geschrieben?
- ☐ ein/e Freund/in
- ☐ ein Kollege / eine Kollegin
- ☐ eine Firma
- ☐ ein Arzt / eine Ärztin
- ☐ eine Bank

- ☐ ....

1b Was steht wirklich im Brief? Sehen Sie Clip 14 mit Ton an. Kreuzen Sie an: Richtig oder falsch?

		R	F
1	Maria ist die Frau von Ernst Walter.	☐	☐
2	Maria wohnt jetzt in Spanien.	☐	☐
3	Maria und Ernst hatten sehr lange keinen Kontakt.	☐	☐
4	Maria will sich entschuldigen.	☐	☐
5	Ernst soll Maria in Spanien besuchen.	☐	☐

2 Was war früher, was ist jetzt? Sehen Sie Clip 15 an und ergänzen Sie die Sätze.

> in Madrid leben • allein wohnen •
> einen Brief schreiben • studieren

1 Früher hat Ernst Walter in Berlin mit seiner Familie gewohnt, jetzt

....

2 Früher hat Maria in Berlin gelebt, jetzt

....

3 Früher ...., jetzt ist sie Deutschlehrerin in Spanien.

4 Früher hatten Ernst und Maria keinen Kontakt, jetzt hat Maria

....

Ämter und Behörden

11

1 Sehen Sie Clip 16 ohne Ton an. Was sehen Sie? Kreuzen Sie an.

A ☐ einen Computer D ☐ ein Handy G ☐ ein Foto
B ☐ eine Lampe E ☐ ein Formular H ☐ einen Führerschein
C ☐ einen Kugelschreiber F ☐ eine Quittung I ☐ einen Personalausweis

2a Sehen Sie Clip 16 mit Ton an. Finden Sie sechs Fragen und vier Antworten. Schreiben Sie sie in Ihr Heft.

ICHMÖCHTEMEINENPERSONALAUSWEISVERLÄNGERNGEHÖRTDASHAUSIHNENISTDA
SEINPROBLEMHABENSIEDASFORMULARSCHONAUSGEFÜLLT NEINDASKANNICHNICHT
ICHHABEDIEWOHNUNGIM3.STOCKGEMIETETSIEKÖNNENIHNINDREIWOCHENAM
INFORMATIONSSCHALTERHIERIMBÜRGERAMTABHOLENWANNKANNICHDEN
PERSONALAUSWEISDENNABHOLENWELCHESFORMULARWIEKANNICHIHNENHELFEN

Ich möchte …

2b Ordnen Sie in 2a die Fragen den Antworten zu. Lesen Sie die Minidialoge zu zweit.

3 Sehen Sie Clip 16 noch einmal an und beantworten Sie die Fragen.

1 Warum hat Ernst das Formular nicht ausgefüllt?
2 Was sieht Daniel auf dem Personalausweis von Ernst?
3 Seit wann wohnt Ernst schon in der Hufelandstraße 33?
4 Was kostet der Personalausweis?

4 Was glauben Sie? Was denkt Daniel? Ergänzen Sie.

Video

12 Im Kaufhaus

1 Was glauben Sie: Was ist das Problem? Was sagt Daniel? Ergänzen Sie.

2 Sehen Sie Clip 17 an. Was ist richtig? Kreuzen Sie an.

1 Julia hat noch immer	☐ Kopfschmerzen.	☐ Halsschmerzen.
2 Die Schule fängt	☐ nächste Woche an.	☐ morgen an.
3 Corinna und Julia	☐ sitzen auf dem Sofa.	☐ rufen Daniel an.
4 Daniel trifft am Abend	☐ eine Frau.	☐ einen Freund.
5 Sie gehen zusammen	☐ ins Kino.	☐ in ein Restaurant.

3a Sehen Sie Clip 17 noch einmal an. Was findet Corinna gut und schlecht? Ordnen Sie zu.

das blaue Hemd • den blauen Anzug • die Sportschuhe • das schwarze Hemd • die braunen Schuhe • die Krawatte • die schwarzen Schuhe • das weiße Hemd

🙂	🙁

3b Und was zieht Daniel an? Sehen Sie Clip 17 noch einmal an und schreiben Sie.

Auf Reisen

1a Sehen Sie Clip 18 ohne Ton an. Was glauben Sie: Worüber spricht die Familie? Kreuzen Sie an.

Sie sprechen …

- ☐ über die Arbeit.
- ☐ über die Schule.
- ☐ über Ernst Walter.
- ☐ über die Kita.
- ☐ über das Essen.
- ☐ über den Urlaub.
- ☐ über den Umzug.
- ☐ über Daniel und Elena.

1b Sehen Sie Clip 18 mit Ton an. Worüber spricht die Familie wirklich? Schreiben Sie.

....

2 Sehen Sie den Clip noch einmal an und kreuzen Sie an: Richtig oder falsch?

	R	F
1 Luis findet das Essen langweilig.	☐	☐
2 Julia hat keine Lust auf die neue Schule.	☐	☐
3 Die Familie hat Urlaub gemacht.	☐	☐
4 Sie haben Aktivurlaub in Spanien gemacht.	☐	☐
5 Antonio und Corinna können Julia nicht helfen.	☐	☐

3a Sehen Sie Clip 18 noch einmal an. Wer sagt was? Schreiben Sie im Heft.

> Der Lkw war so bequem. Viel bequemer als ein Flugzeug. • Hört mal, das war eine einzigartige Städtetour. • Wir hatten eine tolle Ferienwohnung mit einer fantastischen Aussicht. • Wir hatten viel Sonnenschein und angenehme Temperaturen. • Wir sind von Mannheim nach Berlin gefahren mit ganz vielen Möbeln. • Die Anreise war etwas anstrengend.

 Antonio: …

 Corinna: …

3b Sehen Sie Clip 18 noch einmal an. Wählen Sie eine Rolle und sprechen Sie laut mit.

Video

14 Zusammen leben

1a Sehen Sie Clip 19 an und beantworten Sie die Fragen.

1 Wer hat die Einladung geschrieben?
2 Wann und wo ist die Feier?
3 Wie reagiert Ernst auf die Einladung?
4 Was denken Sie? Geht er zu der Feier?

1b Sehen Sie Clip 20 an. Was ist richtig? Kreuzen Sie an.

1 Ernst Walter kommt ☐ sehr pünktlich ☐ zu spät zum Fest.
2 Er bringt ☐ Wein ☐ Blumen mit.
3 Antonio und Ernst Walter trinken ☐ spanisches ☐ deutsches Bier.
4 Antonio will mit Ernst Walter ☐ ein Flugticket ☐ einen Computer kaufen.

2 Was sagt Ernst Walter? Ergänzen Sie den Dialog und lesen Sie den Dialog zu zweit.

> Das war viel Arbeit, oder? • Ja, das ist richtig! • Ja, ich wohne seit fast 40 Jahren in Berlin und auch hier im Haus. • Schön haben Sie es hier. Sehr schön.

Ernst: ....

Antonio: Ja, es gefällt uns auch gut.

Ernst: ....

Antonio: Ja. Der Umzug war anstrengend und stressig. Aber jetzt geht es besser. Wohnen Sie schon lange hier?

Ernst: ....

Antonio: Oh! In 40 Jahren passiert viel!

Ernst: ....

3 Sehen Sie Clip 20 noch einmal an. Schreiben Sie zu dritt einen Dialog zum Foto und spielen Sie den Dialog.

Hörtexte

Hier finden Sie alle Hörtexte, die nicht oder nicht vollständig im Buch abgedruckt sind.

Gute Besserung!

A 2

DIALOG 1
- Praxis Dr. Ortac, Karimi am Apparat, guten Tag.
- Guten Tag. Ich möchte einen Termin für nächste Woche.
- Ja, können Sie am Dienstag kommen? So um 15 Uhr?
- 15 Uhr? Ja, das geht.
- Dann sagen Sie bitte noch einmal Ihren Namen.
- Bas, B A S.
- Gut, Frau Bas, am Dienstag um 15 Uhr. Auf Wiederhören.

DIALOG 2
- Praxis Dr. Ortac, Karimi am Apparat, guten Tag.
- Guten Tag, mein Name ist Hristov. Ich hätte gerne einen Termin.
- Ja, ich habe einen Termin am nächsten Montag um neun Uhr.
- Nein, ich brauche schnell einen Termin. Ich bin sehr krank.
- Ach so, dann kommen Sie doch morgen, also am Donnerstagvormittag, um 11 Uhr. Aber Sie müssen ein bisschen Zeit mitbringen. Sagen Sie bitte noch einmal Ihren Namen.
- Hristov, H R I S T O V.
- Gut, Herr Hristov, am Donnerstag um 11 Uhr.
- Danke, auf Wiederhören.
- Auf Wiederhören.

C 1

- Lena, was ist los? Du musst aufstehen. Es ist sieben Uhr.
- Mein Kopf tut weh, Mama.
- Mmmh, dein Kopf ist ganz heiß. Du bleibst heute zu Hause. Ich hole das Fieberthermometer, dann messen wir erst mal Fieber ... Hier, nimm es in den Mund.
- Was hat Lena?
- Sie ist krank, Alexis. Vielleicht ist es Scharlach. Viele Kinder haben im Moment Scharlach. Ich schreibe eine Entschuldigung und du nimmst sie mit und gibst sie dem Klassenlehrer.
- Okay, ich gebe sie Herrn Nolte. Gute Besserung, Schwesterchen.
- Und jetzt Lena, zeig mal. ... Oh ja, du hast Fieber, 39,2. Wir gehen nachher zum Arzt. Ich mache jetzt erst mal einen Tee. Möchtest du noch etwas, mein Schatz?
- Ja, meinen MP3-Player.
- Ich hole ihn dir, dann kannst du ein bisschen Musik hören und ich schreibe die Entschuldigung und rufe beim Arzt an.

E 1

- Mein Name ist Petrow. Es gibt hier einen Unfall.
- Wo sind Sie?
- Ich bin in der Bahnhofstraße, Ecke Schillerstraße.
- Wie viele Personen sind verletzt?
- Ich glaube, drei Personen: zwei Frauen und ein Kind.
- Wie sind die Personen verletzt?
- Entschuldigung, ich spreche nicht gut Deutsch. Ich kann es nicht erklären. Bitte kommen Sie schnell, es ist dringend.
- Ich schicke einen Notarzt. Er kommt in wenigen Minuten.
  Bitte legen Sie nicht auf. Sagen Sie mir noch einmal Ihren Namen.
- Petrow.
- Und der Vorname?

E 2

- Hallo, ich heiße Victor Hill. Es brennt hier bei uns im Haus.
- Wo sind Sie?
- Ich bin in der Bergstraße. Das Feuer ist im zweiten Stock von Haus Nummer 15.
- Ist jemand im Haus?
- Nein, zum Glück sind alle Hausbewohner schon auf der Straße. Im Haus ist niemand mehr.
- Ich schicke die Feuerwehr. Sie kommt sehr bald. Bitte sagen Sie noch einmal Ihren Namen.
- Hill, Victor Hill. Ich bin einer von den Hausbewohnern, ich wohne auch in dem Haus.

Sprechen aktiv 2

1. Ich habe Zahnschmerzen.
2. Mein Kopf tut weh.
3. Ich habe Rückenschmerzen.
4. Ich habe eine Erkältung.

Sprechen aktiv 3

- Was ist passiert?
...
- Wo sind Sie?
...

einhundertdreiundsiebzig 173

Hörtexte

- Wie viele Personen sind verletzt?
...
- Ich schicke den Notarzt. Bitte sagen Sie noch einmal Ihren Namen.
...

Sprechen aktiv 6

- Ich bin krank. Ich habe Husten und Schnupfen. Ich habe Halsschmerzen. Ich habe Fieber. Mein Kopf tut weh. Mir geht es schlecht. Ich soll zu Hause bleiben. Ich soll viel Tee trinken. Mein Arzt sagt, ich soll Tabletten nehmen.
- Du Arme! Gute Besserung!

9 Wege durch die Stadt

A 1

DIALOG 1
- Herr Kim, wie ist Ihr Weg zur Arbeit? Brauchen Sie viel Zeit?
- Nein, mein Weg ist nicht so lang. Ich wohne und arbeite in Berlin. Mit dem Fahrrad und der S-Bahn brauche ich insgesamt nur 20 Minuten. Für den Weg zur Arbeit und von der Arbeit zurück nach Hause brauche ich jeden Tag also nur 40 Minuten.
- Da haben Sie wirklich Glück.

DIALOG 2
- Herr Schmidt, wie lange brauchen Sie zur Arbeit? Wie ist Ihr Weg zur Arbeit?
- Ich wohne in Peine und arbeite bei der Post in Hannover. Mein Weg zur Arbeit ist also ziemlich weit, ich brauche ziemlich genau 55 Minuten.
- Fahren Sie mit dem Auto?
- Nein, ich nehme immer den Zug, von zu Hause gehe ich fünf Minuten zu Fuß zum Bahnhof und in Hannover fahre ich dann noch einige Minuten mit der Straßenbahn vom Hauptbahnhof bis zu meinem Arbeitsplatz.

A 2

- Mein Name ist Sander, ich bin Sekretärin und arbeite bei Jenoptik in Jena. Aber ich wohne in Naumburg. Ich brauche ungefähr 50 Minuten zur Arbeit. Ich fahre erst mit dem Fahrrad zum Bahnhof und dann mit dem Zug. Im Zug lese ich gern, manchmal schlafe ich auch noch ein bisschen.
- Mein Name ist Hoppe, Thomas Hoppe. Ich wohne in Stuttgart. Ich arbeite bei Bosch. Ich laufe erst zur Straßenbahn und fahre zehn Minuten. Dann muss ich umsteigen und noch 15 Minuten mit der S-Bahn fahren. Ich brauche eine halbe Stunde zur Arbeit.

B 1a

- Entschuldigung, wie komme ich zum Theaterplatz?
- Das ist weit. Sie müssen die U-Bahn nehmen. Hier ist die U-Bahn-Station.
- Ja – und wie muss ich fahren?
- Nehmen Sie die Linie U2 Richtung Zoo. Fahren Sie drei Stationen bis zum Hauptbahnhof, dann steigen Sie um. Nehmen Sie die Linie 1 Richtung Flughafen. Dann sind es noch zwei Stationen und Sie sind am Theaterplatz.
- Danke schön.
- Bitte.

B 5a

- Besucht ihr mich am Wochenende? Habt ihr am Samstag Zeit?
- Ja, Samstag geht.
- Wunderbar, dann kommt doch am Samstagnachmittag so gegen drei. Wir können zusammen Kaffee trinken und vielleicht ein bisschen im Park spazieren gehen.
- Wo wohnst du?
- Gleich hier in der Nähe, das könnt ihr ganz einfach finden.
  Geht hier von der Sprachschule die Straße nach links, immer geradeaus. Die zweite Straße geht ihr nach rechts bis zur nächsten Kreuzung, dann sofort wieder nach links. Mein Haus ist auf der linken Seite, gleich rechts neben der Bäckerei und gegenüber vom Bahnhof.

B 5c

DIALOG 1
- Hallo. Am Samstag habe ich Geburtstag und mache eine Party. Kommst du?
- Klar, gern. Wo wohnst du denn?
- In der Nähe vom Bahnhof. Du musst hier von der Sprachschule nach links gehen, immer geradeaus, dann an der dritten Kreuzung links. Da ist ein Park. Der ist sehr schön. Unser Haus ist das zweite Haus auf der rechten Seite.

DIALOG 2
- Oh, diese Wörter, ich muss unbedingt Wörter lernen.
- Sollen wir zusammen lernen? Komm doch heute

- Nachmittag zu mir, ich mache einen Tee und wir lernen die Wörter zusammen.
- Gute Idee. Ich bringe Kuchen mit. Wo wohnst du denn?
- Ich wohne ganz in der Nähe, es ist nicht weit, vielleicht zehn Minuten. Du musst hier von der Sprachschule in die Straße rechts gehen, dann sofort wieder links, dann die zweite Straße wieder links und dann wieder rechts. Dann siehst du die Polizei. Wir wohnen links neben der Polizei.
- Das finde ich bestimmt. Tschüss, bis heute Nachmittag.
- Tschüss.

C 3

- Mama, wir hatten heute Verkehrsunterricht in der Schule.
- Aha. Und erzähl mal, was musst du im Verkehr machen?
- Ich darf nicht zwischen den Autos auf die Straße laufen, das ist gefährlich.
- Ja, genau.
- Und ich darf mit dem Fahrrad auf der Straße und dem Bürgersteig fahren. Und Tim muss auf dem Bürgersteig fahren.
- Ja, das ist richtig. Und weißt du auch, warum?
- Ja, ich bin schon elf und mit elf darf ich auf dem Bürgersteig und auf der Straße fahren und Tim ist erst zehn und bis zehn Jahre müssen Kinder auf dem Bürgersteig fahren. Er ist zu klein.
- Ich bin gar nicht klein.
- Nein, nein, du bist nicht klein. Aber, Lea, ja, das stimmt. Mit elf Jahren darfst du auf der Straße fahren. Ab 13 Jahren musst du aber auf der Straße fahren wie die Erwachsenen. Aber fahr jetzt lieber auf dem Bürgersteig, das ist nicht so gefährlich.

Sprechen aktiv 1

mit dem Auto – mit dem Fahrrad – mit dem Motorrad – mit dem Schiff – mit dem Bus – mit dem Zug – mit dem Flugzeug – mit der S-Bahn – mit der U-Bahn – zu Fuß

Sprechen aktiv 5

Wie kommt Herr Meier zur Arbeit? Herr Meier geht erst zu Fuß. Er bringt seinen Sohn zum Kindergarten. Dann fährt er mit der U-Bahn zum Hauptbahnhof. Er fährt eine halbe Stunde mit dem Zug. Dann fährt er mit dem Bus drei Stationen. Um neun Uhr ist er da. Er braucht eineinhalb Stunden zur Arbeit.

Mein Leben

Auftaktseite 1 b

- Guten Abend, meine Damen und Herren. In unsrer Reihe „Mitbürger aus anderen Ländern" hören Sie heute ein Interview mit Frau Amy Schmidt aus Malaysia. Guten Abend, Frau Schmidt.
- Guten Abend.
- Frau Schmidt, wie lange sind Sie jetzt in Deutschland?
- Ich lebe jetzt fünf Jahre hier, in einer Kleinstadt in der Nähe von Frankfurt.
- Aus welcher Stadt in Malaysia kommen Sie?
- Ich komme aus Kuala Lumpur, das ist eine Großstadt. Es ist die Hauptstadt von Malaysia. Dort war ich Krankenschwester, im Operationssaal.
- Was machen Sie heute?
- Heute bin ich Hausfrau. Ich bin verheiratet und habe eine Tochter. Sie ist sieben Jahre alt. Ich möchte wieder arbeiten. Vielleicht als Krankenschwester oder als Altenpflegerin.

A 1 c

- Gestern hat Herr Schmidt im Büro gearbeitet.
- Heute arbeitet er nicht.

- Gestern hat Herr Schmidt das Büro aufgeräumt.
- Heute räumt er zu Hause auf.

- Gestern hat Frau Schmidt im Supermarkt eingekauft.
- Heute kaufen sie zusammen auf dem Markt ein.

- Gestern hat Frau Schmidt alleine gekocht.
- Heute kochen sie zusammen.

- Gestern hat Frau Schmidt vom Urlaub geträumt.
- Heute suchen sie im Internet Reiseangebote.

B 2

- Hier ist der Anschluss von Familie Hoffmann. Wir sind im Moment leider nicht da. Bitte hinterlassen Sie eine Nachricht nach dem Piepton.
- Hallo, Markus, hier ist Simone. Es ist etwas Dummes passiert. Ich kann meinen Autoschlüssel nicht finden. Kannst du bitte mit dem Zweitschlüssel nach Wien kommen?

C 3 a

- Frau Soto, seit wann sind Sie verheiratet?
- Mein Mann und ich haben 2003 geheiratet, aber ich kenne ihn schon seit dem Jahr 2000, also jetzt 15 Jahre.

Hörtexte

- Wann sind Sie nach Deutschland gekommen?
- Das war 2007. Mein Mann ist erst allein gegangen und ich bin mit unserer Tochter in Costa Rica geblieben. Ich bin dann drei Jahre später nachgekommen. Das war gut. Kinder brauchen ihren Vater. Das ist wichtig.
- Sie sprechen jetzt sehr gut Deutsch. Wo haben Sie Ihre Deutschkurse gemacht?
- Ich habe an der Volkshochschule in den Jahren 2009 und 2010 Deutschkurse gemacht. Das war anstrengend, es hat aber auch Spaß gemacht. Ich habe viele Leute kennengelernt. Viele sind auch jetzt noch unsere Freunde. Und dann habe ich die B1-Prüfung gemacht.
- Haben Sie danach schnell Arbeit gefunden?
- Ich habe nicht sofort Arbeit gesucht, denn unser zweites Kind war noch zu klein. Seit 2012 arbeite ich in einem Supermarkt, hier ganz in der Nähe.
- Sind Sie zufrieden mit Ihrem Leben hier in Deutschland?
- Ja, zum Urlaub fliege ich gerne nach Costa Rica, aber wir haben jetzt auch hier viele Freunde.

Sprechen aktiv 1b

hören - hat gehört
lesen - hat gelesen
aufräumen - hat aufgeräumt
einschlafen - ist eingeschlafen

gehen - ist gegangen
träumen - hat geträumt
essen - hat gegessen
einkaufen - hat eingekauft

kochen - hat gekocht
trinken - hat getrunken
fernsehen - hat ferngesehen
fahren - ist gefahren

Sprechen aktiv 4

Simone ist mit den Kindern nach Wien gefahren. Ihr Mann ist nicht mitgekommen. Er hatte viel Arbeit und hatte keine Zeit. Simone und die Kinder haben in Wien viel gemacht. Sie sind mit dem Schiff gefahren. Sie sind spazieren gegangen. Und sie haben den Prater gesehen. Dann hatten sie ein Problem. Der Autoschlüssel war weg. Simone hat ihren Mann angerufen. Markus ist sofort nach Wien gekommen. Sie haben zusammen einen Ausflug gemacht. Dann sind alle zusammen wieder nach Hause gefahren.

Ämter und Behörden

Auftaktseite 1b

1
- Guten Tag, ich möchte meinen Kindergeldantrag abgeben.
- Da müssen Sie zur Familienkasse gehen. Die ist in der Lörracher Straße 16.

2
- Standesamt Bremen-Mitte, Simonsen, guten Tag.
- Guten Tag, mein Name ist Jürgen Herberger. Meine Freundin und ich wollen heiraten und haben einige Fragen.

3
- Service-Center der Agentur für Arbeit, guten Tag.
- Guten Tag, ich heiße Akad Celic und hätte gerne einen Termin mit einem Arbeitsvermittler.

4
- Entschuldigung, ich habe eine Frage.
- Ja, gerne.
- Ich möchte mein Auto anmelden.
- Da sind Sie hier richtig, haben Sie die Papiere dabei?

A 1a

- Bürgeramt Osnabrück, Berger, guten Tag.
- Guten Tag, mein Name ist Juan Lopez. Ich bin von Saarbrücken nach Osnabrück umgezogen und möchte meinen Wohnsitz hier anmelden. Was muss ich dafür machen?
- Im Internet gibt es auf der Homepage von Osnabrück ein Anmeldeformular. Das können Sie herunterladen und ausfüllen. Dann kommen Sie mit dem Formular ins Bürgeramt, das ist in der Hauptstraße 12.
- Okay, Hauptstraße 12, vielen Dank.

B 2a

- Guten Morgen Yanti, wie geht´s?
- Hallo, Juan. Eigentlich ganz gut, aber ich suche dringend eine Wohnung. Das ist leider sehr schwer und die Mieten sind so hoch. Ich habe schon sechs Wochen gesucht und viele Wohnungen angeschaut. Aber ich habe noch nichts gefunden.
- Warum fragst du nicht bei der Stadt? Es gibt doch die Wohnungsbau GmbH. Die bietet viele Wohnungen an und die sind nicht so teuer.
- Wohnungsbau GmbH? Wohnst du auch in einer Wohnung von der Wohnungsbau GmbH?

C 1 a

1
- Entschuldigen Sie bitte, wo finde ich Frau Barth?
- Haben Sie einen Termin?
- Ja, um elf Uhr.
- Das Büro von Frau Barth ist im Erdgeschoss, Zimmer 31.
- Vielen Dank.

2
- Verzeihung, können Sie mir helfen? Ich verstehe das Wort *Familienstand* nicht. Was bedeutet das?
- Sind Sie verheiratet?
- Ja.
- Dann tragen Sie bei Familienstand *verheiratet* ein.
- Ich danke Ihnen.

C 1 b

1
- Entschuldigung, ich habe eine Frage.
- Ja, bitte?
- Ich fülle gerade ein Anmeldeformular für einen Computerkurs aus. Was bedeutet das Wort *Kursgebühr*?
- Das ist das Geld für den Kurs. Man bezahlt die Gebühr vor dem Kurs.
- Vielen Dank für Ihre Hilfe.

2
- Entschuldigen Sie bitte, muss man hier lange warten?
- Haben Sie eine Wartenummer?
- Nein, bekommt man die am Informationsschalter?
- Nein, die Wartenummer ziehen Sie hier an dem Automaten. Wenn Sie Ihre Nummer auf der Anzeigetafel sehen, sind Sie an der Reihe.
- Auf der Anzeigetafel ist jetzt die Nummer 61 und ich habe die Nummer 93. Wie lange dauert das?
- Heute sind viele Leute da. Das dauert bestimmt eine Stunde.

Sprechen aktiv 1 b

1 Bei der Arbeitsagentur kann man Arbeit suchen.
2 Bei der Kfz-Zulassungsstelle kann man das Auto anmelden und abmelden.
3 Bei der Familienkasse kann man Kindergeld beantragen.
4 Beim Standesamt kann man heiraten.
5 Beim Ausländeramt kann man ein Visum verlängern.
6 Bei der Meldestelle kann man die Wohnung anmelden.

Sprechen aktiv 4

- Entschuldigung, können Sie mir helfen? Ich verstehe das Wort *berufstätig* nicht. Können Sie mir das bitte erklären?
- Entschuldigung, ich habe einen Termin bei Frau Waltermann. Wo finde ich ihr Büro?
- Entschuldigen Sie bitte, ich habe eine Frage. Wo bekomme ich die Wartenummer?
- Entschuldigung, können Sie mir helfen? Bekomme ich hier die Formulare für das Kindergeld?

Sprechen aktiv 5

- Wie kann ich Ihnen helfen?
- Ich möchte meinen Personalausweis verlängern.
- Haben Sie das Formular schon ausgefüllt?
- Welches Formular? Nein, ich habe noch kein Formular ausgefüllt. Ich kann es nicht aus dem Internet herunterladen. Wissen Sie, ich habe keinen Computer und …
- Das ist doch gar kein Problem. Wir füllen das Formular zusammen aus. Ich schreibe alles in den Computer.
- Gut. Das ist nett. Danke.
- So, dann brauche ich noch ein Foto. Und dann müssen Sie hier unten noch unterschreiben.
- Okay. Wann kann ich den Personalausweis abholen?
- Sie können ihn in drei Wochen am Informationsschalter hier im Bürgeramt abholen. Wir rufen Sie dann an.
- Drei Wochen? So lange?

Station 3

2 a

1 LAlala (Supermarkt)
2 LAlalala (Käsekuchen)
3 lalaLAla (Apotheke)
4 LAlalala (Kontoauszug)
5 laLAla (Motorrad)
6 LAlala (Mietvertrag)

Hörtexte

Im Kaufhaus

A 3a

1
Ich bin Studentin und habe nicht viel Geld. Ich kaufe meine Sachen meistens in Secondhandläden. Das ist billig und die Kleidung ist oft originell.

2
Ich habe drei Kinder und die brauchen immer etwas Neues. Bei uns gibt es immer einen Flohmarkt für Kindersachen. Da verkaufe ich und kaufe auch. Die Sachen sind gut und billig. Manchmal kaufe ich auch etwas im Supermarkt.

3
Ich gehe nicht gerne einkaufen, außerdem habe ich wenig Zeit. Deshalb bestelle ich meine Kleidung meistens im Internet. Das praktisch und geht schnell.

4
Ich kaufe gern ein, aber Kleidung ist ganz schön teuer. Ich gehe immer in Kaufhäuser oder Boutiquen, da gibt es oft günstige Angebote im Sommerschlussverkauf oder im Winterschlussverkauf. Da kann man gute Sachen billig bekommen.

A 4a

- Hier gibt es Hosen. Du brauchst eine Hose. Welche Hose möchtest du, die weiße oder die schwarze Hose?
- Die schwarze Hose gefällt mir gut.
- Und welches T-Shirt findest du gut?
- Das schwarze T-Shirt ist gut.
- Ganz schwarz, ist das nicht langweilig?
- Nein, das ist cool. Alle ziehen das an.

B 3b

- Entschuldigung, wo finde ich die Toiletten?
- Die sind im ersten Stock, direkt neben der Rolltreppe.

- Ach bitte, wo kann ich das bezahlen?
- Die Kasse ist dort hinten rechts.

- Entschuldigung, ich suche den Ausgang.
- Den Ausgang? Der ist da vorne links.

- Haben Sie Computerspiele?
- Ja, in der Multimedia-Abteilung im dritten Stock.

- Wie lange haben Sie geöffnet?
- Bis 20 Uhr.

- Kann ich Ihnen helfen?
- Danke, ich schaue nur.

- Kann ich das Kleid mal anprobieren?
- Ja gern, die Umkleidekabinen sind da hinten links.

- Gibt es den Mantel auch in Größe 40?
- Größe 40? Da muss ich nachsehen. Einen Moment, bitte.

B 4

1
- Was kostet der braune Mantel? Kostet der auch 59 Euro wie der grüne hier?
- Nein, ich glaube nicht. Ist da kein Preisschild dran?
- Nein, ich sehe keinen Preis.
- Moment, ich schau einmal nach. Also, der Mantel ist doch von Leila, oder?
- Ja.
- Der kostet 95,95 Euro.
- 95,95 Euro, okay, danke.

2
- Entschuldigung, haben Sie diese Babyhose auch in Größe 68?
- 68? Moment, hier habe ich 86, 80 und 74. Nein, tut mir leid, in Größe 68 haben wir die Hose nicht mehr. Nehmen Sie doch die Hose in Größe 74.
- Ja, stimmt, das geht bestimmt auch. Babys wachsen so schnell.

Sprechen aktiv 2a

- Kann ich Ihnen helfen?
- ...
- Gerne.

- Kann ich Ihnen helfen?
- ...
- Einen Moment, ich schaue nach.

- Kann ich Ihnen helfen?
- ...
- Gerne, die Umkleidekabinen sind da vorne rechts.

- Kann ich Ihnen helfen?
- ...
- Die Kasse ist im Erdgeschoss.

Sprechen aktiv 5

Entschuldigung, wo finde ich Handys?
Entschuldigung, wie lange haben Sie geöffnet?
Ach bitte, wo kann ich das bezahlen?

Wo ist die Kasse?
Entschuldigung, ich suche die Toiletten.
Ich hätte gern die Bluse in Weiß.
Entschuldigung, was kostet der Pullover?
Gibt es die Jacke auch in Größe 40?
Kann ich den Mantel anprobieren?

Auf Reisen

Auftaktseite 2

1 • Es ist so heiß. Ich gehe ins Wasser. Kommst du mit?
• Nee, jetzt nicht. Ich lese noch ein bisschen.

2 • Und – was kaufen wir jetzt noch?
• Ich brauche noch ein Paar Schuhe.
• Oh ja, Schuhe kaufe ich auch gerne.

3 • Wie viel Liter sind es?
• Hier 20 Liter, alles zusammen heute Abend fast tausend Liter Milch.
• Gut.

4 • Puh, jetzt sind wir schon vier Stunden unterwegs. Ich kann nicht mehr.
• Gut, dann machen wir eine Pause. Aber es ist nicht mehr weit. Und dann haben wir einen tollen Blick.

A 3a

1 Achtung an Gleis 5. Der IC aus Hamburg zur Weiterfahrt nach Dortmund, planmäßige Abfahrt 12.05 Uhr, fährt jetzt ein.

2 Achtung an Gleis vier. Der ICE von Stuttgart nach Hamburg, planmäßige Ankunft 8.04 Uhr, planmäßige Weiterfahrt 8.06 Uhr, kommt heute zehn Minuten später.

3 Der Regionalexpress von Freising nach München, planmäßige Abfahrt 15.02 Uhr von Gleis drei, fährt heute von Gleis sieben.

B 3

1 Und hier noch die Wettervorhersage für morgen, Dienstag, den 28. Oktober. Im Norden und Osten ist es bewölkt mit Regen, im Süden scheint manchmal die Sonne. Höchsttemperaturen bis sieben Grad. In der Nacht sinken die Temperaturen in ganz Deutschland auf null bis ein Grad.

2 • Jetzt haben wir noch das Wetter mit Sven Schmidt. Sven, wie wird das Wetter am Wochenende? Besser als heute?

• Ja, Thomas, das Wetter am Wochenende ist besser. Am Samstag und Sonntag scheint den ganzen Tag die Sonne. Nur im Süden, am Alpenrand, kann es am Samstag ein bisschen Regen geben. Die Temperaturen liegen am Tag zwischen 25 Grad im Osten und 30 Grad im Westen. Auch in der Nacht ist es kaum kälter mit Temperaturen zwischen 24 und 28 Grad.

D 2a

Herr Meitner
Ich habe zwei kleine Kinder, Maja und Tom. Sie sind 3 und 5 Jahre alt. Wir leben hier im Zentrum von Frankfurt. Es gibt viel Verkehr und wenig Platz für die Kinder zum Spielen. Wir haben auch in der Wohnung wenig Platz. Die Kinder möchten so gerne einen Hund oder eine Katze, aber das geht hier nicht. Im Urlaub wollen wir etwas anderes machen. Die Kinder sollen Platz haben und in der Natur spielen können und sollen auch Tiere kennenlernen, Hunde, Katzen, Kühe.

Herr Nowak
Ich sitze bei der Arbeit viel am Computer und habe wenig Zeit für Sport. Im Urlaub möchte ich aktiv sein. Ich liebe den Wassersport, Segeln, Kanufahren, Schwimmen.

Frau Topal
Ich lebe in einer kleinen Stadt, das ist sehr angenehm, aber hier ist nichts los. Es ist nicht so interessant. Im Urlaub möchte ich etwas anderes sehen. Großstädte kennenlernen und Kultur, Theater, Konzerte … Das brauche ich.

Sprechen aktiv 1

die Meere – die Berge – die Flüsse – die Strände – die Wälder – die Wiesen – die Dörfer – die Bäume

Sprechen aktiv 6

Der Schwarzwald.
Der Schwarzwald ist sehr schön.
Das Wetter ist sehr gut.
Im Sommer regnet es wenig.
Die Sonne scheint viel.
Es ist warm.
Viele Leute machen dort Urlaub.
Man kann im See schwimmen.
Man kann in den Bergen wandern.
Im Winter ist es kalt.
Es gibt viel Schnee.
Aber auch im Winter scheint die Sonne viel.

Hörtexte

14 Zusammen leben

Auftaktseite 1

- Hier wohnt Familie Waltermann. Hausnummer 13.
- Oh, die Haustür ist offen.
- Waltermanns wohnen im dritten Stock und haben einen schönen Balkon. Hier ist der Aufzug.
- Ach nein, wir gehen lieber zu Fuß. Treppen steigen, das ist gut für die Gesundheit.
- Puh, die Treppe war ganz schön anstrengend, so, hier ist die Tür, wo ist die Klingel?
- Hier.
- Was ist das denn, hat Familie Waltermann jetzt einen Hund?

A 1b

A
- Entschuldigung, ich möchte nicht stören, aber ich habe eine Bitte.
- Nein, nein, Sie stören überhaupt nicht, kann ich Ihnen helfen?
- Ich backe gerade einen Kuchen und habe keine Eier mehr. Können Sie mir vielleicht drei Eier geben?
- Aber gerne, warten Sie, ich hole die Eier … so, hier sind sie.
- Vielen Dank!
- Gern geschehen.

B
- Guten Tag, ich glaube, der Paketdienst hat bei Ihnen ein Paket für mich abgegeben.
- Ja, Moment, hier ist es.
- Vielen Dank.
- Kein Problem, ich bin ja viel zu Hause.

C
- Guten Tag!
- Guten Tag, Frau Wagner, Sie wollen bestimmt Lena abholen.
- Ja, genau.
- Hallo, Mama, wir malen gerade.
- Hallo, Lena, komm, wir gehen nach Hause.
- Sie kann gerne noch ein bisschen bleiben und wollen Sie nicht auch reinkommen?
- Ach ja gerne, warum nicht?
- Ich trinke gerade einen Tee. Möchten Sie auch eine Tasse?
- Oh, vielen Dank.

D
- Guten Tag!
- Guten Tag!

A 4a

- Hallo, sind Sie auch neu hier in der Schlossstraße?
- Nein, ich wohne schon lange hier.
- Hallo, die Musik ist toll, wollen wir tanzen?
- Ja, das ist eine gute Idee, komm …
- Schönes Wetter heute.
- Ja, wir haben wirklich Glück mit dem Wetter. Die ganze Woche hat es geregnet. Und jetzt – wunderbar!

B 2a

- Oh nein, die Mülltonnen sind ja schon wieder voll!
- Ja, das ist ärgerlich. Die Müllabfuhr kommt erst nächste Woche, am Mittwoch.
- Das ist wieder mal ärgerlich. Die Hausverwaltung muss etwas ändern.
- Ja, aber oft sind die Leute von der Hausverwaltung langsam. Wissen Sie noch? Im Mai war das Licht im Treppenhaus kaputt. Erst nach einer Woche ist jemand gekommen und hat es repariert.
- Wir müssen etwas tun. Zum Beispiel einen Brief schreiben.
- Ja, ich schlage vor, wir machen das zusammen.
- Das ist eine gute Idee! Mein Name ist übrigens Hans Wagner. Ich wohne im 3. Stock rechts.
- Nikolai Lischka. Ich wohne mit meiner Familie im 2. Stock. Haben Sie morgen Abend Zeit?
- Morgen so gegen sechs, das passt mir gut.
- Dann kommen Sie doch zu mir.
- Ja, gerne, Herr Lischka. Bis morgen.
- Bis morgen, Herr Wagner.

C 2

- Mama, ich habe Durst.
- Tut mir leid, Manuel, aber der Saft ist alle.
- Entschuldigen Sie, aber ich habe noch Tee. Möchten Sie …?
- Das ist nett – gern. Hier, nimm, Manuel, und sag „Danke"!
- Danke.
- Sind Sie oft hier?
- Ja, ich wohne ganz hier in der Nähe.
- Ich auch. So ein Spielplatz in der Nähe ist wirklich praktisch. Übrigens, ich heiße Anna, wollen wir nicht „du" sagen?
- Ja, gerne, ich heiße Gabrielle. Kommen Sie, äh, ich meine, kommst du oft auf diesen Spielplatz?
- Ja, fast jeden Tag.

- Ich auch. Dort hinten, das ist meine Tochter, sie heißt Melinda.
- Wie alt ist sie?
- Melinda ist drei.
- Manuel ist auch drei. Ab August soll er in den Kindergarten gehen. Ich möchte wieder arbeiten.
- Ich bin zu Hause. Aber mein Mann hat ein Geschäft und braucht meine Hilfe. Vielleicht suche ich auch einen Kindergartenplatz für Melinda.
- Das ist sicher gut. Sie kann dort mit anderen Kindern spielen …
- … und dann muss sie Deutsch sprechen. Wissen Sie, äh, ich meine, weißt du, wir sprechen zu Hause Französisch und nur draußen Deutsch. Melinda versteht viel, aber sie spricht zu wenig Deutsch.
- Wir gehen nächste Woche in den Kindergarten …

C 3 b

- Wir gehen nächste Woche in den Kindergarten, warum kommt ihr nicht einfach mit?
- Das ist eine gute Idee. Ich komme gern mit. Soll ich dich anrufen, dann können wir einen Termin machen?
- Ja, aber ich weiß meine Handynummer nicht. Oh, es fängt an zu regnen. Willst du nicht mit mir kommen? Dann kann ich dir die Nummer geben, die Kinder spielen zusammen und ich mache uns einen Kaffee.
- Wenn du wirklich Zeit hast, sehr gern.

Sprechen aktiv 1

1 im Sandkasten spielen
2 auf der Bank sitzen
3 im Treppenhaus Nachbarn treffen
4 ein Päckchen abholen
5 mit dem Aufzug fahren
6 Blumen gießen

Sprechen aktiv 4

Guten Tag, wie geht es Ihnen?
Schönes Wetter heute.
Ich glaube, wir haben uns schon mal gesehen.
Sind Sie auch neu hier im Haus?
Mhm, das schmeckt gut, haben Sie das selbst gemacht?
Wir haben heute Glück mit dem Wetter.
Haben Sie schon gehört? Wir haben neue Nachbarn.
Hallo, die Musik ist toll, wollen wir tanzen?

Wortliste

Die alphabetische Wortliste enthält den Wortschatz der Lektionen 1–14 des Kursbuches. Zahlen, grammatische Begriffe sowie Namen von Personen, Städten und Ländern sind in der Liste nicht enthalten. Wörter, die zum Wortschatz des **Test Start Deutsch 1** und des **Deutsch-Test für Zuwanderer (A2–B1)** gehören, sind **fett** gedruckt.

Die Zahlen geben an, wo die Wörter zum ersten Mal vorkommen (z. B. **5** **B** **1a** bedeutet Lektion **5**, Block **B**, Übung **1a**).

AT bedeutet Auftaktseite der jeweiligen Lektion.

Ein · oder ein – unter dem Wort zeigt den Wortakzent:

a̦ = kurzer Vokal,

a̱ = langer Vokal.

Ein | markiert ein trennbares Verb: ab|fahren = trennbares Verb.

Nach dem Nomen finden Sie immer den Artikel und die Pluralform:

" = Umlaut im Plural,

Sg. = dieses Wort gibt es (meistens) nur im Singular,

Pl. = dieses Wort gibt es (meistens) nur im Plural.

Bei den Verben ist immer der Infinitiv aufgenommen. Eine Liste der unregelmäßigen Verben finden Sie auf den Seiten 196 und 197.

4-Zimmer-Wohnung, die, -en	3 D 1a	Alphabet, das, -e	1 B 1
		als (Komparativ)	13 B 4a
A		also	5 A 6
		alt	2 AT
ab	7 A 1a	Altenpfleger/in, der/die, -/-nen	1 E 1
ab|biegen	9 C 2b	altmodisch	12 AT 3
Abend, der, -e	5 C 1b	am Apparat	8 A 1b
Abendessen, das, -	6 A 5	am besten	8 A 4a
Abendkleid, das, -er	12 B 1b	Ampel, die, -n	9 B 3b
Abendkurs, der, -e	7 B 2b	Amt, das, "-er	11 AT
aber (1): Der ist aber süß!	4 A 1a	an	9 B 3a
aber (2): … aber ich muss oft am Wochenende arbeiten.	7 A 1a	andere	9 C 1a
		anders	4 C 1c
ab|fahren	13 A 1b	an|erkennen	9 C 1a
Abfahrt, die, en	13 A 1b	Anerkennung, die, -en	9 C 1a
ab|geben	8 B 1b	Anfang, der, "-e	10 C 1a
ab|holen	7 C 5	an|fangen	5 B 1a
Abkürzung, die, -en	3 D 3	Angebot, das, -e	6 A 3a
ab|melden	11 AT 1a	angenehm	12 A 3b
Absender, der, -	14 B 3b	Angestellte, der/die, -n/-n	10 C 1a
ab|stellen	14 B 4	an|halten	9 C 2b
Abteilung, die, -en	12 B 5a	an|kommen	13 A 1b
ach so	1 D 4a	Ankunft, die, Sg.	13 A 1b
achten, (hier: Vorfahrt achten)	9 C 2b	an|machen	8 C 1b
Adresse, die, -n	2 D	Anmeldebestätigung, die, -en	11 A 1b
Aktivurlaub, der, -e	13 D 1c	Anmeldeformular, das, -e	2 D 2a
alle	4 B 1a	an|melden	11 AT 1a
allein, alleine	7 A 5	Anmeldung, die, -en	7 A 1a
alles	4 C 1c		

an|nehmen	7	A	1a
an|probieren	12	A	1b
Anrede, die, -n	14	B	3b
Anreise, die, Sg.	13	D	1a
an|rufen	5	B	1a
Anspruch, der, "-e	14	C	5a
anstrengend	7	A	1a
Antrag, der, "-e	11	B	
antworten	1	B	4
Anzahl, die, Sg.	13	B	4a
Anzeige, die, -n	3	D	2
an|ziehen	12	A	4b
Anzug, der, "-e	12	AT	
Apfel, der, "-	6	AT	1
Apfelsaft, der, "-e	6	A	2
Apotheke, die, -n	8	B	1a
Appetit, der, Sg.	6	AT	
April, der, Sg.	13	C	1a
Arbeit, die, -en	2	A	1a
arbeiten	2	A	1a
Arbeitgeber/in, der/die, -/-nen	8	B	1a
Arbeitsort, der, -e	7	A	1a
Arbeitsplatz, der, "-e	7	A	1a
Arbeitszeit, die, -en	7	A	1a
ärgerlich	14	B	3a
arm	10	C	1a
Arm, der, -e	8	A	3a
Artikel, der, -	2	B	2c
Arzt/Ärztin, der/die, "-e/-nen	1	E	1
Arztbesuch, der, -e	11	D	2
Asienladen, der, "-	3	C	2a
auch	1	C	1a
auf	9	B	3a
auf: auf Deutsch	2	B	2c
auf Wiederhören	2	D	2a
auf Wiedersehen	1	C	1a
Aufgabe, die, -n	7	A	1a
auf|hören	5	B	1a
auf|legen	8	E	1a
auf|machen	8	A	4a
auf|räumen	5	B	1a
auf|stehen	5	B	1a
auf|wachen	10	B	1
Aufzug, der, "-e	14	AT	1
Auge, das, -n	8	AT	2
Augenarzt/ärztin, der/die, "-e/-nen	8	AT	
August, der, Sg.	13	C	1a
aus	1	AT	2
aus|fallen	5	B	3
Ausflug, der, "-e	5	B	4a
aus|füllen	11	B	2b
Ausgang, der, "-e	12	B	3a
aus|gehen	5	B	1a
Ausland, das, Sg.	10	AT	2
Ausländeramt, das, "-er	11	AT	2
ausländisch	9	C	1a
Auslandsreise, die, -n	11	D	1
aus|sehen	12	A	2a
Aussicht, die, Sg.	13	A	4a
Auto, das, -s	9	AT	
Autokennzeichen, das, -	1	D	3
Automat, der, -en	11	C	2
Automechaniker/in, der/die, -/-nen	10	C	1a
Autoschlüssel, der, -	10	B	2

B

Babyhose, die, -n	12	B	4b
Babywäsche, die, Sg.	12	B	1a
backen	6	D	1a
Bäcker, der, -	6	A	1b
Bäckerei, die, -en	6	B	1a
Bad, das, "-er	3	D	2
Bademantel, der, "-	8	D	2
Bahncard, die, -s	13	A	1b
Bahnhof, der, "-e	7	C	5
bald	1	C	1a
Balkon, der, -e/-s	3	D	1a
Banane, die, -n	6	AT	1
Bank (1), die, -en	7	AT	2
Bank (2), die, "-e	9	B	3a
Bankkaufmann/Bankkauffrau, der/die, Pl.: Bankkaufleute	7	AT	
Bankverbindung, die, -en	7	B	2b
Basketballverein, der, -e	7	B	2a
Bauch, der, "-e	8	A	3a
Bauchschmerzen, die, Pl.	8	AT	2
Bauernhof, der, "-e	13	AT	1
Baum, der, "-e	9	B	3a
Baustelle, die, -n	7	AT	2
beantragen	11	AT	1a
bearbeiten	7	A	1a
Becher, der, -	6	A	3a
bedeuten	11	C	1a
bedienen	7	C	1a
beginnen	5	A	3a
Behörde, die, -n	9	C	1a
bei	2	A	1a
beide	13	B	4a
Bein, das, -e	8	A	3a
Beispiel, das, (hier: zum Beispiel)	6	A	3a
bekommen	6	B	1c

Wortliste

Wort			
beliebt	6	D	1a
benutzen	9	A	2a
bequem	3	AT	2
beraten	7	A	1a
Berg, der, -e	13	AT	1
Beruf, der, -e	1	E	
Berufsberatung, die, -en	11	AT	1a
berufstätig	11	A	1b
besichtigen	4	B	4a
besser	8	D	1a
bestellen	14	B	3a
bestimmt	14	A	1b
Besuch, der, -e	8	A	
besuchen	4	B	4a
Betreff, der, -e	14	B	3b
betreuen	14	C	5a
Bett, das, -en	3	AT	1
bewölkt	13	B	1a
bezahlen	3	D	1a
Bibliothek, die, -en	9	A	3
Bier, das, -e	6	A	5
Bild, das, -er	3	AT	1
billig	9	AT	2a
Birne, die, -n	6	A	3b
bis	1	C	1a
bisschen, ein bisschen	2	A	1a
bitte	6	A	1b
Bitte, die, -n	14	A	1b
blau	3	A	4a
bleiben	4	B	3
Bleistift, der, -e	2	B	2a
Blinddarmentzündung, die, -en	8	D	1a
blinken	9	C	2b
Blog, der, -s	6	D	1a
Blume, die, -n	3	A	1a
Bluse, die, -n	12	AT	
Bonus, der, Pl.: Boni	8	B	1a
Bonusheft, das, -e	8	B	1a
Boutique, die, -n	12	A	3a
brauchen	3	A	
braun	3	A	4a
Briefträger/in, der/die, -/-nen	7	AT	
Brille, die, -n	2	B	1a
bringen	7	A	1a
Brot, das, -e	6	AT	1
Brötchen, das, -	6	A	5
Brücke, die, -n	13	A	4a
Bruder, der, "-	4	AT	
Brunnen, der, -	9	B	3a
Buch, das, "-er	2	B	1a
Buchhalter/in, der/die, -/-nen	1	E	1
Buchstabe, der, -n	1	B	
buchstabieren	1	B	3
Bürgeramt, das, "-er	11	AT	2
Bundesagentur für Arbeit, die, Sg	11	AT	
Bürgersteig, der, -e	9	C	4
Büro, das, -s	7	AT	2
Bus, der, -se	4	B	2
Busreise, die, -n	7	B	2c
Butter, die, Sg.	6	AT	1

C

Wort			
Café, das, -s	9	B	3a
Campingplatz, der, "-e	13	D	1a
CD, die, -s	2	B	1a
Cent, der, -	2	B	2a
Chance, die, -n	10	C	1a
Chef/in, der/die, -s/-nen	7	C	1a
chillen	5	B	4a
Chinesisch	2	A	1a
Chips, die, Pl.	6	A	4
Club, der, -s	10	B	6
Computer, der, -	4	C	1c
Computerkurs, der, -e	5	A	6
Computerspiel, das, -e	12	B	1a
cool	12	A	4b
Cousin, der, -s	4	AT	3
Cousine, die, -n	4	AT	3

D

Wort			
da	3	AT	2
dabeihaben	4	A	1a
Dachgeschoss, das, -e	3	C	1b
damals	11	B	2b
Damenmantel, der, "-	12	B	1b
danach	4	B	4c
Dank, der, (hier: Vielen Dank)	2	D	2a
danke	1	C	1a
danken	11	B	2b
dann	3	A	5a
das ist …	1	A	1a
Datum, das, Pl.: Daten	11	A	2a
denn (1): … denn am Wochenende will ich nicht arbeiten.	7	A	1a
denn (2): Was fehlt Ihnen denn?	8	A	4a
deshalb	7	A	1a
deutlich	8	B	1a
Deutsch	1	C	4a
Deutschkurs, der, -e	2	B	
Dezember, der, Sg.	13	C	1a
Dienstag, der, -e	5	C	1a

184 einhundertvierundachtzig

Dienstagabend, der, -e	5	C	3b
Dienstagnachmittag, der, -e	5	D	1b
Dienstagvormittag, der, -e	5	C	2
Ding, das, -e, (hier: vor allen Dingen)	14	A	3
direkt	12	B	3a
doch	6	A	1b
Doktor, der, Sg.	8	A	4a
Donnerstag, der, -e	5	C	1a
Dorf, das, "-er	11	A	1c
dort	12	B	3a
Dose, die, -n	6	A	4
draußen	4	C	1c
dringend	8	E	1a
drinnen	7	A	5
Drogerie, die, -n	9	B	3a
dunkel	3	D	4a
durch	13	A	4a
durchschnittlich	13	B	4a
dürfen	9	C	1a
Durst, der, Sg.	6	A	2

E

EC-Karte, die, -n	7	B	1
Ecke, die, -n	8	E	1a
Ei, das, -er	6	A	1a
eigen	10	C	1a
Eigentumswohnung, die -en	11	B	1
Einbauküche, die, -n	3	D	3
einfach	9	B	5b
Einfamilienhaus, das, "-er	3	D	2
Eingang, der, "-e	11	C	2
einige	13	A	4a
Einkauf, der,"-e	11	D	2
ein|kaufen	5	B	1a
Einkaufszettel, der, -	6	A	
ein|laden	13	D	1a
Einladung, die, -en	9	B	5a
einmal	8	A	1b
ein|schlafen	10	B	1
ein|tragen	8	B	1a
Einwohner/in, der/die, -/-nen	13	B	4a
einzigartig	13	D	1a
Einzug, der, Sg.	11	A	1b
Eis, das, Sg.	6	D	1a
elegant	3	A	5a
Elektriker/in, der/die, -/-nen	1	E	1
Eltern, die, Pl.	4	AT	1
E-Mail-Adresse, die, -n	2	D	1
Empfänger/in, der/die, -/-nen	14	B	3b
enden	5	A	3b
Endstation, die, -en	13	A	4a
Englisch	2	A	1a
Englischkurs, der, -e	5	A	6
Enkel/in, der/die, -/-nen	4	AT	3
Enkelkind, das, -er	4	AT	3
entschuldigen	5	A	1a
Entschuldigung!	1	A	1a
Entschuldigung, die, -en	8	C	1b
Erbse, die, -n	6	A	4
Erdgeschoss, das, -e	3	C	1b
Erholung, die, Sg.	13	D	1a
erkältet	8	A	4a
Erkältung, die, -en	8	A	4a
erklären	7	A	1a
Erlebnis, das, -se	13	D	1a
erst	14	B	1b
Essen, das, -	14	A	3
essen	4	B	1a
Essenszeit, die, -en	6	D	1a
etwas	6	B	1c
EU-Bürger/in, der/die, -/-nen	9	C	1a
Euro, der –s	2	B	2a
EU-Staat, der, -en	9	C	1a

F

Facharzt/Fachärztin, der/die, "-e/-nen	8	B	1a
fahren	4	B	1a
Fahrgast, der, "-e	9	B	3a
Fahrkarte, die, -n	5	C	2
Fahrrad, das, "-er	5	C	2
Fahrradraum, der, "-e	14	B	4
Fahrt, die, -en	11	D	2
Familie, die, -n	2	D	2b
Familienfoto, das, -s	4	A	1a
Familienkasse, die, Sg.	11	AT	
Familienleben, das, Sg.	4	AT	
Familienname, der, -n	1	B	4
Familienstand, der, Sg.	11	A	1b
fantastisch	13	A	4a
Farbe, die, -n	3	A	4a
fast	9	A	1b
faulenzen	4	B	1a
Februar, der, Sg.	13	C	1a
fehlen (2): Was fehlt Ihnen?	8	A	4a
Fehlen, das, Sg.	8	C	2
feiern	14	A	3
Fenster, das, -	2	B	1a
Ferienwohnung, die, -en	13	D	1a

Wortliste

fern|sehen	5	B	1a
Fernseher, der, -	3	AT	1
Fest, das, -e	11	D	2
Festkomitee, das, -s	14	A	3
Feuer, das, Sg.	8	E	2a
Feuerwehr, die, -en	8	E	2a
Fieber, das, Sg.	8	A	4a
Fieberthermometer, das, -	8	C	1b
Film, der, -e	4	B	1a
finden (1): Wie findest du …?	3	A	5a
finden (2): Die Straße kann man einfach finden.	9	B	5b
Finger, der, -	8	A	3a
Firma, die, Pl.: Firmen	9	A	1b
Fisch, der, -e	6	AT	1
Flasche, die, -n	2	B	1a
Fleisch, das, Sg.	6	D	1a
Fleischwurst, die, "-e	6	B	3a
fliegen	9	AT	1
Flohmarkt, der, "-e	12	A	3a
Flughafen, der, "-	9	B	1a
Flugzeug, das, -e	5	A	4b
Fluss, der, "-e	9	B	5a
formell	1	C	
Formular, das, -e	7	A	1a
Foto, das, -s	4	A	1a
Frage, die, -n	5	A	3a
fragen	1	AT	2
Frau, die, -en	1	C	1a
frei	2	D	2a
frei haben	7	A	1a
Freitag, der, -e	5	C	1a
Freizeit, die, Sg.	4	B	
Freund/in, der/die, -e/-nen	4	B	1a
freundlich, (hier: Mit freundlichen Grüßen)	8	C	2
Friseur/in, der/die, -e/-nen	1	E	1
Frucht, die, "-e	6	A	3a
früh	7	A	2
früher	4	C	
Frühling, der, Sg.	13	C	1a
Frühstück, das, -e	6	D	1a
frühstücken	6	D	1a
Führerschein, der, -e	9	C	1
Führerscheinprüfung, die, -en	9	C	1a
funktionieren	14	B	1a
für	6	A	5
furchtbar	3	A	5b
Fuß, der, "-e	8	A	3a
Fußball, der, "-e	5	AT	
Fußballballtraining, das, Sg.	7	C	2
Fußballverein, der, -e	7	B	2c
Fußballspiel, das, -e	5	A	6
Fußgänger/in, der/die, -/-nen	9	AT	
füttern	13	D	1a

G

ganz	3	A	5b
gar nicht	12	AT	3
Garage, die, -n	3	D	2
Garten, der, "-	3	D	1a
Gast, der, "-e	7	A	1a
geben	8	B	1a
geben: es gibt	3	C	2a
geboren	11	A	1b
Gebühr, die, -en	7	B	2b
Geburtsdatum, das, Sg.	11	A	1b
Geburtsort, der, -e	11	A	1b
Geburtsurkunde, die, -n	11	D	1
gefährlich	14	B	4
gefallen	12	AT	3
gegenüber	9	B	5b
Gehaltsabrechnung, die, -en	11	D	1
gehen (1): Wie geht es Ihnen?	1	C	1a
gehen (2): Der Kurs geht bis 12 Uhr.	5	A	6
gehen (3): Ja, das geht.	5	D	1b
gehen (4): Sie geht aus dem Haus.	7	C	1a
gehen (5): Das Licht geht nicht.	14	B	1a
gehören	11	B	2b
gelb	3	A	4a
Geld, das, Sg.	7	A	1a
Geldautomat, der, -en	7	B	1
Gemeinde, die, -n	11	A	1b
Gemüse, das, Sg.	6	B	1a
gemütlich	3	A	5b
genau	1	D	4a
genauso	13	B	4a
genug	3	D	1a
geöffnet	7	A	1a
gerade	14	A	1b
geradeaus	9	B	5b
Gern geschehen!	14	A	1b
gern, gerne	4	B	3
Geschäft, das, -e	3	C	2a
Geschenkartikel, der, -	12	B	1a
geschieden	10	AT	2
Geschwister, die, Pl.	4	AT	1
Gespräch, das, -e	14	C	2a
gestern	7	C	4
gesund	9	AT	2b
Gesundheit, die, Sg.	8	B	

Gesundheitskarte, die, -n	8	B	1a
Getränk, das, -e	6	A	5
gießen	14	A	1d
Glas, das, "-er	6	A	4
glauben	8	E	1a
gleich (1): Ich komme gleich.	9	B	4
gleich (2): Mein Haus ist gleich rechts.	9	B	5b
gleich (3): der gleiche Preis	12	B	4b
Gleis, das, -e	13	A	2
Glück, das, Sg.	14	A	4a
Grad, der, -e	13	B	2a
Grafiker/in, der/die, -/-nen	1	E	1
Gramm, das, Sg.	6	A	5
grau	3	A	4a
Griechisch	2	A	1a
Grill, der, -s	14	A	3
grillen	5	AT	
Grippe, die, -n	8	A	4a
groß	3	AT	2
Größe, die, -n	12	B	3a
Großeltern, die, Pl.	4	AT	1
Großmutter, die, "-	4	AT	
Großstadt, die, "-e	10	AT	
Großvater, der, "-	4	AT	
grün	3	A	4a
Gruß, der, "-e	8	C	2
gucken	3	A	5a
günstig	3	D	4b
Gurke, die, -n	6	D	1a
gut	1	C	1a
Gute Besserung	8	AT	
Guten Morgen	1	A	1a
Guten Tag	1	AT	
Guten Abend	14	A	4a
Gymnastik, die, Sg.	8	A	5

H

haben	2	D	2a
Hackfleisch, das, Sg.	6	B	3a
Hafen, der, "-	4	B	5a
Hafenrundfahrt, die, -en	4	B	5a
Hähnchen, das, -	6	AT	1
halb	5	A	1a
Hallo	1	A	1a
Hals, der, "-e	8	A	3a
Halsschmerzen, die, Pl.	8	AT	2
Halstablette, die, -n	8	A	4a
Haltestelle, die, -n	7	C	3
Hand, die, "-e	7	A	5

Handy, das, -s	2	B	1a
Handynummer, die, -n	1	D	4a
hässlich	3	AT	2
Hauptbahnhof, der, "-e	9	B	1a
Hauptwohnung, die, Sg.	11	A	1b
Haus, das, "-er	1	A	1a
Hausarzt/Hausärztin, der/die, "-e/-nen	8	AT	
Hausarztpraxis, die, -praxen	8	AT	
Hausaufgabe, die, -n	5	C	1a
Hausbewohner/in, der/die, -/-nen	8	E	2a
Hausfrau, die, -en	1	E	2c
Hausmeister/in, der/die, -/-nen	7	AT	
Hausnummer, die, -n	1	D	2
Hausschuh, der, -e	8	D	2
Hausverwaltung, die, -en	14	B	3a
Heft, das, -e	2	B	1a
Heimat, die, Sg.	2	AT	
Heimatland, das, Sg.	9	C	1a
heiraten	11	AT	1a
heiß	13	B	1a
heißen	1	AT	
Heizung, die, -en	14	B	1a
helfen	7	A	1a
hell	3	D	4a
Hemd, das, -en	12	AT	
Herbst, der, Sg.	13	C	1a
Herd, der, -e	3	AT	1
Herr, der, -en	1	C	1a
Herrenbekleidung, die, Sg.	12	B	1a
Herrenhose, die, -n	12	B	1b
herunter|laden	11	A	1a
herzlich	11	C	2
heute	5	B	3
hier	1	A	1a
hinten	12	B	3a
hinter	9	B	3a
Hobby, das, -s	5	AT	2
Hochhaus, das, "-er	3	D	1a
Hochzeit, die, -en	11	D	2
Hof, der, "-e	14	AT	1
Hoffest, das, -e	14	A	3
Höhe, die, -n	13	A	4a
holen	6	A	1b
Honig, der, Sg.	6	D	1a
hören	1	AT	1
Hose, die, -n	12	AT	
Hotel, das, -s	10	B	4
Hubschrauberpilot/in, der/die, -en/-nen	7	AT	
Hund, der, -e	9	B	3a

einhundertsiebenundachtzig 187

Wortliste

H**u**nger, der, Sg.	6	A	2
h**u**pen	9	C	2b
H**u**sten, der, Sg.	8	A	4a

I

IBAN, die, Sg.	7	B	1
ICE (Intercity-Express), der, -s	13	A	3a
ich hätte gern …	6	B	1c
Id**ee**, die, -n	4	B	3
id**y**llisch	13	D	1a
Imbiss, der, -e	6	D	1a
immer	7	A	1a
in	1	C	5a
Informati**o**nsbroschüre, die, -n	11	B	2b
Informati**o**nsschalter, der, -	11	C	1c
inform**e**ll	1	C	
Ingeni**eu**r/in, der/die, -e/-nen	1	E	1
interess**a**nt	2	B	4
Internet, das, Sg.	5	AT	

J

j**a**	1	D	4a
ja bitte?	5	D	1b
J**a**cke, die, -n	12	AT	
J**a**hr, das, -e	2	D	2a
J**a**hreszeit, die, -en	13	C	1a
J**a**nuar, der, Sg.	13	C	1a
J**ea**ns, die, -	12	AT	
jeden Tag	5	B	3
j**e**tzt	2	A	1a
j**o**ggen	5	AT	
J**o**ghurt, der, -s	6	AT	1
J**u**li, der, Sg.	13	C	1a
J**u**nge, der, -n	14	C	1
J**u**ni, der, Sg.	13	B	4a

K

K**a**ffee, der, -s	4	B	4a
Kaff**ee**haus, das, "-er	10	B	4
Kak**a**o, der, -s	6	D	1a
Kal**e**nder, der, -	8	D	2
k**a**lt	3	D	4a
Kant**i**ne, die, -n	6	D	1a
K**a**nutour, die, -en	13	D	1a
kap**u**tt	2	B	4
Karri**e**re, die, Sg.	7	A	5
K**a**rten spielen	10	A	4b

Kart**o**ffel, die, -n	6	AT	1
K**ä**se, der, Sg.	6	AT	1
Käsekuchen, der, -	6	B	3a
Käseplatte, die, -n	6	D	1a
K**a**sse, die, -n	7	A	1a
K**a**sse, die, -n, (hier: Krankenkasse)	8	AT	
K**a**sten, der, "-	6	A	4
k**au**fen	3	A	2b
K**au**fhaus, das, "-er	12	AT	
K**au**gummi, der, -s	6	A	1a
k**ei**n, k**ei**n, k**ei**ne	3	A	1a
K**e**ller, der, -	14	B	4
K**e**llner/in, der/die, -/-nen	7	AT	
k**e**nnen	2	AT	1b
Kfz-Mechaniker/in, der/die, -/-nen	7	AT	
Kfz-Zulassung, die, -en	11	D	1
Kfz-Zulassungsstelle, die, -n	11	AT	
K**i**lo, das, -s	6	A	3a
Kilogr**a**mm, das, Sg.	6	A	5
Kilom**e**ter, der, -	13	A	4a
K**i**nd, das, -er	3	D	1a
K**i**nderarzt/ärztin, der/die, "-e/-nen	2	A	1a
K**i**nderbetreuung, die, -en	14	C	5a
K**i**ndergarten, der, "-	7	C	2
K**i**ndergartenplatz, der, "-e	14	C	5a
K**i**ndergeld, das, Sg.	11	AT	1a
K**i**ndergeldantrag, der, "-e	11	D	1
K**i**nderwagen, der, -	14	AT	1
K**i**ndheit, die, Sg.	4	C	1a
K**i**no, das, -s	5	B	1a
K**i**osk, der, -e	6	B	1a
K**i**ta, die, -s	2	D	2a
kl**a**r	8	D	1a
kl**a**sse	3	B	1a
Kl**a**sse, die, -n, (hier: Erste/Zweite Klasse)	13	A	1b
Kl**ei**d, das, -er	12	AT	
Kl**ei**dung, die, Sg.	12	AT	3
kl**ei**n	3	AT	2
Kl**ei**nstadt, die, "-e	10	AT	
Kl**i**ngel, die, -n	14	AT	1
kl**i**ngeln	3	C	1b
Kl**i**nikum, das, Pl.: Kliniken	9	B	1c
K**o**ch/K**ö**chin, der/die, "-e/-nen	7	AT	
k**o**chen	5	D	2c
Koll**e**ge/Koll**e**gin, der/die, -n/-nen	7	C	1a
k**o**misch	12	AT	3
k**o**mmen	1	AT	2
Komm**o**de, die, -n	3	B	1b

komplett	8	B	1a
kompliziert	12	A	3b
Konditorei, die, -en	6	D	1a
können	7	A	1a
Kontakt, der, -e	7	A	1a
Kontinent, der, -e	2	AT	1a
Kontoauszug, der, "-e	7	B	1
Kontonummer, die, -n	7	B	1
Kontrolle, die, -n	8	A	4a
kontrollieren	7	A	1a
Konzert, das, -e	5	A	4b
Kopf, der, "-e	8	A	3a
Kopfschmerzen, die, Pl.	8	C	1b
Kopfschmerztablette, die, -n	8	A	5
Kopie, die, -n	8	B	1a
Körperteil, der, -e	8	A	3a
kosten	2	B	2a
Kranführer/in, der/die, -/-nen	7	AT	
krank	8	C	
Krankenhaus, das, "-er	7	A	1a
Krankenkasse, die, -n	8	B	1a
Krankenpfleger/in, der/die, -/-nen	7	A	1a
Krankenschwester, die, -n	7	A	1a
Krankenwagen, der, -	8	E	2a
Krankschreibung, die, -en	8	B	1a
Krawatte, die, -n	12	AT	
Kreuzung, die, -en	9	B	5b
Krimi, der, -s	5	A	6
Küche, die, -n	3	AT	
Kuchen, der, -	6	D	1a
Kugelschreiber (Kuli), der, - (Kulis)	2	B	1a
Kühlschrank, der, "-e	3	A	1a
Kunde/Kundin, der/die, -n/-nen	6	B	1c
Kurs, der, -e	5	A	3a
Kursgebühr, die, -en	11	C	1c
Kursliste, die, -n	7	A	1a
Kursraum, der, "-e	2	B	5
Kurstermin, der, -e	7	A	1a
kurz	9	C	1a

L

Lage, die, Sg.	3	D	2
Lampe, die, -n	2	B	1a
Land (1), das, "er	1	B	4
Land (2), das, Sg. (auf dem Land)	10	C	1a
Landschaft, die, -en	13	A	4a
lang: Ich meine den langen Rock.	12	A	5a
lang(e): Ich bin schon lange hier.	1	A	1a
langsam	7	A	1a
langweilig	3	A	5b
Laptop, der, -s	2	B	1a
laufen	14	A	4
Laune, die, Sg.	14	A	3
laut	3	D	4a
leben	2	A	1a
Leben, das, -	7	C	
Lebensmittel, das, -	4	B	4a
ledig	10	AT	2
Lehrer/in, der/die, -/-nen	1	E	1
leidtun	12	B	5a
leider	5	D	2a
lernen	1	C	4a
lesen	1	AT	1
Leute, die, Pl.	6	D	1a
Licht, das, Sg.	14	AT	1
Liebe Claudia/Lieber John,	10	B	1
lieben	2	A	1a
Lieblingsfarbe, die, -n	3	A	4b
liegen	2	AT	2a
lila	3	A	4a
Linie, die, -n	9	B	1a
links	3	C	2a
Liter, der, -	6	A	5
Lkw, der, -s	9	C	3b
los|fahren	13	A	4a
Lust haben	5	D	2a

M

machen	1	C	4a
Mädchen, das, -	12	B	3c
Mai, der, Sg.	13	C	1a
Mais, der, Sg.	6	A	1a
mal	3	A	5a
Mal, das, -e	14	A	3
malen	5	AT	
man	1	B	3
manchmal	6	AT	2a
Mann, der, "-er	4	A	1a
männlich	11	A	1b
Mantel, der, "-	12	AT	
Markt, der, "-e	6	B	1a
Marmelade, die, -n	6	A	4
März, der, Sg.	13	C	1a
maximal	9	C	1a
Medikament, das, -e	8	B	1a
Meer, das, -e	13	AT	1
mehr	4	A	2

Wortliste

Wort			
Mehrfamilienhaus, das, "-er	3	C	
meinen	5	D	2a
meistens	7	A	1a
Meldestelle, die, -n	11	A	
Mensch, der, -en	7	A	1a
messen	8	C	1b
Metzgerei, die, -en	6	B	1a
Miete, die, -n	3	D	2
mieten	11	A	1c
Mietshaus, das, "-er	14	AT	2b
Mietvertrag, der, "-e	11	D	1
Mikrowelle, die, -n	3	A	
Milch, die, Sg.	6	AT	1
Minute, die, -n	8	E	1a
mit	3	D	1a
mit|bringen	5	D	1b
Mitgliedsbeitrag, der, "-e	7	B	2a
mit|kommen	5	B	1a
mit|nehmen	5	B	1a
Mittag, der, -e	5	C	1b
Mittagessen, das, -	6	D	1a
mittags	13	A	4a
Mittagspause, die, -n	7	C	1a
Mitte, die, Sg., (hier: in der Mitte)	4	C	1c
Mittwoch, der, -e	5	C	1a
Mittwochnachmittag, der, -e	5	D	1b
Möbel, die, Pl.	3	AT	1
möchten	6	B	1c
modern	3	AT	2
Modeschmuck, der, Sg.	12	B	1a
mögen	6	C	
Moment, der, -e	1	B	3
Monat, der, -e	8	A	1b
Monatskarte, die, -n	9	B	2
Montag, der, -e	5	C	1a
morgen	1	C	2
Morgen, der, Sg.	5	C	1b
morgens	7	A	5
Motorrad, das, "-er	9	AT	
müde	10	B	1
Müll, der, Sg.	14	B	3a
Müllabfuhr, die, Sg.	14	B	2b
Mülltonne, die, -n	14	AT	1
Multimedia-Abteilung, die, -en	12	B	3a
Mund, der, "-er	8	A	3a
Museumsbesuch, der, -e	13	D	1a
Musik, die, Sg.	5	AT	
Müsli, das, -s	6	D	1a
müssen	7	A	1a
Mutter, die, "-	4	AT	
Muttersprache, die, -n	2	A	1a

N

Wort			
na ja	1	C	1a
nach Hause	4	B	2
nach (1): nach Potsdam	4	B	1a
nach (2): Viertel nach sieben	5	A	1a
Nachbar/in, der/die, -n/-nen	7	C	2
Nachbarhaus, das, "-er	8	E	2b
Nachmittag, der, -e	5	C	1b
nachmittags	13	B	3
Nachname, der, -n	2	D	1
nachsehen	12	B	3a
nächster, -es, -e	8	A	1b
Nacht, die, "-e	5	C	1b
Nachteil, der, -e	12	B	6
Nachtisch, der, -e	6	D	1a
Nachtschicht, die, -en	7	A	1a
Nähe, die, (hier: in der Nähe)	3	D	1a
Name, der, -n	1	A	1a
Nase, die, -n	8	A	3a
nass	13	B	1a
Nationalität, die, -en	2	A	
natürlich	2	A	1a
neben	9	B	3a
Nebenkosten, die, Pl.	3	D	2
Neffe, der, -n	4	AT	3
nehmen	4	B	1a
nein	1	D	4a
nennen	11	A	1c
nett	11	B	2b
neu	1	A	1a
Neubau, der, Pl.: Neubauten	3	D	2
neugierig	14	C	1
nicht	1	D	4a
Nichte, die, -n	4	AT	3
nie	6	AT	2a
niemand	4	B	1a
noch	2	D	2a
Norden, der, Sg.	13	B	2a
nördlich	13	B	4a
Nordwesten, der, Sg.	13	B	2a
Notarzt/Notärztin, der/die, "-e/-nen	8	E	1a
Notfall, der, "-e	8	E	1a
Notruf, der, -e	8	E	
November, der, Sg.	13	C	1a
Nudeln, die, Pl.	6	AT	1
Nummer, die, -n	1	D	4a
nur	4	AT	3

190 einhundertneunzig

O

oben	3	C	2a
Obergeschoss, das, -e	3	D	3
Obst- und Gemüseladen, der, "-	3	C	2a
Obst, das, Sg.	6	B	1a
oder	4	C	1c
offiziell	5	A	5
öffnen	7	C	1a
oft	2	A	1a
ohne	3	D	4b
Ohr, das, -en	8	A	3a
okay (o.k.)	3	A	5b
Oktober, der, Sg.	13	C	1a
Olive, die, -n	6	A	3b
Onkel, der, -	4	AT	3
Operation, die, -en	7	A	1a
operieren	8	D	1a
orange	3	A	4a
Orange, die, -n	6	A	1a
Orangensaft, der, "-e	6	D	1a
ordentlich	3	AT	2
Original, das, -e	8	B	1a
Ort, der, -e	13	A	4a
Osten, der, Sg.	13	B	2a

P

Päckchen, das, -	14	A	1d
packen	11	A	4
Packung, die, -en	6	A	4
Paket, das, -e	14	A	1b
Paketdienst, der, -e	14	A	1b
Papier, das, -e	2	B	1a
Park, der, -s	9	B	5a
parken	9	B	3b
Parkplatz, der, "-e	9	B	3b
Parkzeit, die, -en	5	A	4b
Party, die, -s	11	A	4
Pass, der, "-e	11	D	1
passen	12	A	1b
passend	6	B	1c
passieren	8	E	1a
Patient/in, der/die, -en/-nen	7	AT	2
Pause, die, -n	5	A	3b
Pension, die, -en	13	A	4a
Person, die, -en	6	AT	2b
Pfund, das, Sg.	6	A	5
Picknick, das, -s	6	A	5
Pizza, die, -s/Pizzen	4	B	2
Plakat, das, -e	2	B	1a
Platz (1), der, "-e: Haben Sie noch Plätze frei?	2	D	2a
Platz (2), der, Sg.: Die Kinder brauchen Platz.	3	D	1a
Platz (3), der "-e: Auf dem Platz ist ein Brunnen.	9	B	3a
Playmobil, das, -e	14	A	1d
Post, die, Sg.	7	C	2
Postkarte, die, -n	10	B	1
Postleitzahl, die, -en	2	D	1
praktisch	9	AT	2a
Praxis, die, Pl.: Praxen	8	A	1b
Preis, der, -e	6	B	2
preiswert	13	D	1a
prima	2	B	3c
pro	8	B	1a
probieren	6	A	3b
Problem, das, -e	7	A	1a
Programmierer/in, der/die, -/-nen	1	E	2c
Pudding, der, Sg.	6	D	1a
Pullover, der, -	12	AT	

Q

Quadratmeter, (qm), der, -	3	D	1a

R

Radio, das, -s	10	A	5
Radiowecker, der, -	5	A	4b
Radtour, die, -en	4	B	4a
Rathaus, "-er	9	A	3
rechts	3	C	2a
reden	10	A	3
Regal, das, -e	3	AT	1
Regel, die, -n	8	E	1a
regelmäßig	8	B	1a
Regen, der, Sg.	13	B	1a
regnen	13	B	1a
Reihenhaus, das, "-er	3	D	1a
Reinigungskraft, die, "-e	7	AT	
rein|kommen	14	A	1b
Reis, der, Sg.	6	AT	1
Reise, die, -n	13	AT	
Reiseangebot, das, -e	10	A	1a
Reisebüro, das, -s	7	B	2c
reisen	7	A	5
reparieren	5	C	2
Reservierung, die, -en	13	A	1b
Rest, der, Sg.	13	B	4a
Restaurant, das, -s	7	AT	2

Wortliste

Rezept, das, -e	8	B	1a
richtig	2	B	3c
Richtung, die, -en	9	B	1a
riechen	14	B	3a
Ring, der, -e	11	D	2
Rock, der, "-e	12	AT	
Rolltreppe, die, -n	12	B	3a
rosa	3	A	4a
rot	3	A	4a
Rücken, der, -	8	A	3a
Rückenschmerzen, die, Pl.	8	AT	2
Rückfrage, die, -n	8	E	1a
ruhig	3	D	1a
rund	7	B	
Rutsche, die, -n	14	C	1

S

Sachbearbeiter/in, der/die, -/-nen	11	B	2b
Sache, die, -n	11	A	4
Sachertorte, die, -n	10	B	4
Saft, der, "-e	6	A	5
sagen	8	A	1b
Sahne, die, Sg.	6	D	1a
Salami, die, -s	6	A	3b
Salat, der, -e	6	AT	1
Salz, das, Sg.	14	A	1d
Samstag, der, -e	5	B	
Samstagabend, der, -e	5	D	2c
Sandkasten, der, "-	14	C	1
S-Bahn, die, -en	4	B	1a
Schach, das, Sg.	5	D	1a
Schachspiel, das, -e	5	D	1b
Scharlach, der, Sg.	8	C	1b
schauen	3	B	1a
Schaukel, die, -n	14	C	1
Scheibe, die, -n	6	A	4
scheinen	13	B	1a
Schichtdienst, der, -e	7	A	1a
schick	2	B	4
schicken	2	D	2a
Schiff, das, -e	9	AT	
Schild, das, -er	9	C	3a
Schinken, der, -	6	B	3a
schlafen	4	B	1a
Schlafzimmer, das, -	3	AT	
schlecht	3	A	5b
Schloss, das, "-er	10	B	4
Schlüssel, der, -	2	B	1a
schmecken	14	A	4a
schmutzig	14	B	3a
Schnee, der, Sg.	13	B	1a
schneien	13	B	1a
schnell	8	E	1a
Schnupfen, der, Sg.	8	A	4a
Schokolade, die, Sg.	4	B	1a
schon	1	A	1a
schön	3	AT	2
Schrank, der, "-e	3	AT	1
schreiben	1	B	3
Schuh, der, -e	12	AT	
Schule, die, -n	8	B	1a
Schüler/in, der/die, -/-nen	6	D	1a
Schulkantine, die, -n	6	D	1a
schwarz	3	A	4a
schwer	8	A	5
Schwester, die, -n	4	AT	
Schwimmbad, das, "-er	9	A	3
schwimmen	5	AT	
Secondhandladen, der, "-	12	A	3a
See, der, -n	13	AT	1
sehen	4	B	1a
Sehenswürdigkeit, die, -en	4	B	3
sehr	2	D	2a
Sehr geehrte Frau … /Sehr geehrter Herr …	8	C	2
sein	1	A	1a
seit	10	C	1a
Seite, die, -n	9	B	5b
Sekretärin, die, -nen	7	A	1a
selbst	6	D	1a
selten	6	AT	2a
September, der, Sg.	13	C	1a
Sessel, der, -	3	AT	1
Situation, die, -en	8	E	1a
sitzen	4	C	1c
Smartphone, das, -s	4	C	1c
so	1	C	1a
Socke, die, -n	12	AT	
Sofa, das, -s	3	AT	1
sofort	8	C	1b
Sohn, der, "-e	2	D	2a
sollen	8	A	4c
Sommer, der, Sg.	13	B	4a
Sommerschlussverkauf, der, Sg.	12	A	3b
Sonderangebot, das, -e	6	A	3a
Sonne, die, Sg.	3	D	2
Sonnenschein, der, Sg.	13	B	4a
Sonnenstunde, die, -n	13	B	4a
sonnig	13	B	1a
Sonntag, der, -e	4	B	1a

Sonntagnachmittag, der, -e	6	D	1a	**Süden**, der, Sg.	13	B	2a
Spaghetti, die, Pl.	6	A	4	**super**	3	A	5a
Spanisch	2	A	1a	**Supermarkt**, der, ¨-e	4	B	4a
Spaß, der, Sg.	13	D	1a	**Suppe**, die, -n	6	D	1a
spät	5	A	1a	surfen	5	AT	
später	5	D	1b	**süß**	4	A	1a
spazieren gehen	5	B	4a	Sweatshirt, das, -s	12	AT	
Spezialität, die, -en	6	B	3b				
spielen	5	AT		**T**			
Spielplatz, der, ¨-e	9	B	3a				
Sport, der, Sg.	10	A	5	Tablet, das, -s	2	B	1a
Sportschuh, der, -e	12	B	1b	**Tablette**, die, -n	8	A	5
Sportwaren, die, Pl.	12	B	1a	**Tafel (Schokolade)**, die, -n	6	A	4
Sprache, die, -n	2	A		**Tafel**, die, -n	2	B	1a
Sprachproblem, das, -e	14	C	2a	**Tag**, der, -e	4	B	3
Sprachschule, die, -n	2	C	4a	**täglich**	6	AT	2b
sprechen	2	A	1a	**Tankstelle**, die, -n	6	B	1a
Sprechzeiten, die, Pl.	8	AT		**Tante**, die, -n	4	AT	3
Sprechzimmer, das, -	8	A	4a	**tanzen**	5	AT	
Spüle, die, -n	3	AT	1	Tanzparty, die, -s	5	A	6
Spülmaschine, die, -n	3	A	2a	**Tasche**, die, -n	2	B	1a
Staatsangehörigkeit, die, -en	11	A	1b	**Tasse**, die, -n	14	A	1b
Stadt, die, ¨-e	1	B	4	**Taxifahrer/in**, der/die, -/-nen	7	AT	
Stadtbummel, der, Sg.	4	B	5c	Taxiunternehmen, das, -	10	C	1a
Städtetour, die, -en	13	D	1a	**Team**, das, -s	7	A	5
Stadtmitte, die, Sg.	9	B	1c	**Tee**, der, Sg.	6	AT	1
Stadtreinigung, die, Sg.	14	B	3a	**Teilnehmer/in**, der/die, -/-nen	7	A	1a
Stadtrundfahrt, die, -en	13	D	1a	**telefonieren**	7	B	2a
Standesamt, das, ¨-er	11	AT		**Telefonnummer**, die, -n	2	C	4a
starten	5	A	4b	**Temperatur**, die, -en	13	B	4a
Station, die, -en	9	B	1a	**Teppich**, der, -e	3	AT	1
statt|finden	5	B	3	**Termin**, der, -e	7	C	1a
stehen	8	E	2a	**Terrasse**, die, -n	3	D	1a
Stelle, die, -n	7	A	1a	**teuer**	9	AT	2a
stellen	14	B	3a	**Text**, der, -e	14	B	3b
stellen: einen Antrag stellen	11	B		Thailändisch	2	A	3c
Stift, der, -e	2	B	3c	**theoretisch**	9	C	1a
Stock, der, Pl.: Stockwerke	3	C	1b	**Tier**, das, -e	13	D	1a
stören	14	A	1b	Tipp, der, -s	11	B	2b
Strand, der, ¨-e	13	AT	1	**Tisch**, der, -e	2	B	1a
Straße, die, -n	2	D	1	**Tochter**, die, ¨-	4	AT	3
Straßenbahn, die, -en	9	AT		**Toilette**, die, -n	12	B	3a
Straßenfest, das, -e	4	B	4a	**toll**	3	A	5b
streiten	14	C	3a	**Tomate**, die, -n	6	AT	1
stressig	12	A	3b	Tonne, die, -n	14	B	3a
Stück, das, (hier: Sg.)	6	A	4	**Tourist/in**, der/die, -en/-nen	9	C	1a
Student/in, der/die, -en/-nen	1	E	2c	**tragen**	8	A	5
studieren	4	A	2	Traktor, der, Pl.: Traktoren	9	C	2a
Stuhl, der, ¨-e	2	B	1a	**träumen**	10	A	1a
Stunde, die, -n	9	A	1b	**treffen**	4	B	1a
suchen	2	A	1a	**Treffpunkt**, der, -e	7	A	1a

Wortliste

Treppe, die, -n	14	AT	1
Treppenhaus, das, "-er	14	AT	1
trinken	4	B	4a
tschüss	1	C	1a
T-Shirt, das, -s	12	AT	
Tunnel, der, -	13	A	4a
Tür, die, -en	2	B	1a
Türkisch	2	A	1a
Tüte, die, -n	6	A	4

U

U-Bahn, die, -en	9	AT	
U-Bahn-Station, die, -en	9	B	1a
über	9	B	3a
überhaupt (nicht)	12	AT	3
übermorgen	5	B	3
übernachten	13	A	4a
Übernachtung, die, -en	13	D	1a
überweisen	7	B	2a
Überweisung, die, -en	7	A	1a
Überweisungsformular, das, -e	7	B	1
Uhr, die, -en	2	B	1a
um (1): um neun Uhr	5	A	3a
um (2): um die Ecke fahren	9	C	3a
Umkleidekabine, die, -n	12	A	1b
um|steigen	9	B	1a
um|ziehen	11	A	4
Umzug, der, "-e	11	A	4
Umzugskarton, der, -s	11	A	4
unbequem	3	AT	2
und	1	AT	3a
Unfall, der, "-e	8	E	1a
ungefähr	13	A	4a
unordentlich	3	AT	2
unten	3	C	2a
unter	9	B	3a
Unterricht, der, Sg.	8	C	2
Unterschied, der, -e	13	B	4a
unterschreiben	7	A	1a
Unterschrift, die, -en	14	B	3b
unterstützen	7	A	1a
untersuchen	8	D	1a
Unterwäsche, die, Sg.	12	AT	
unterwegs	10	B	
Urlaub, der, -e	10	A	1a
USB-Stick, der, -s	2	B	1a

V

Vater, der, "-	4	AT	
verdienen	7	A	1a
Vereinbarung, die, -en, (hier: nach Vereinbarung)	8	AT	
vergessen	6	A	1b
verheiratet	3	D	1a
verkaufen	10	C	1a
Verkäufer/in, der/die, -/-nen	1	E	1
Verkehr, der, Sg.	9	C	4
Verkehrsmittel, das, -	9	AT	
verlängern	11	AT	2
verletzt	8	E	1a
Vermieter/in, der/die, -/-nen	11	A	1b
Verpackung, die, -en	6	A	4
Verspätung, die, -en	13	A	3a
verstehen	11	B	2b
Verwandte, der/die, -n	4	AT	3
Verzeihung	11	C	1a
viel	3	D	1a
viele	4	AT	3
vielleicht	5	D	1b
Viertel, das, (hier: Sg.)	5	A	1a
Visitenkarte, die, -n	2	D	1
Visum, das, Pl.: Visa	11	AT	2
Vitamin, das, -e	8	A	4a
Volkshochschule, die, -n	10	C	1a
von (1): die Kindheit von Eva	4	C	1a
von (2): Sie kommt von der Arbeit.	7	C	1a
von … bis	5	A	6
von Beruf	1	E	
vor (1): Viertel vor sieben	5	A	1a
vor (2): vor dem Haus	9	B	3a
vor|bereiten	7	A	1a
Vorfahrt, die, Sg.	9	C	2a
Vorfahrtsschild, das, -er	9	C	2a
Vorhang, der, "-e	3	AT	1
Vormittag, der, -e	5	C	1b
vormittags	13	B	3
Vorname, der, -n	1	B	4
vorne	4	C	1c
vor|stellen	7	A	1a
Vorteil, der, -e	12	B	6
Vorwahl, die, -en	2	C	4a

W

Wald, der, "-er	13	AT	1
Walzer, der, -	7	A	4
Wand, die, "-e	3	A	4a

wandern	13	AT	3	wohnen	1	A	1a
Wandertour, die, -en	13	A	4a	Wohnort, der, -e	3	D	1b
wann	4	B	3	Wohnung, die, -en	3	AT	
warm	3	D	4a	Wohnzimmer, das, -	3	AT	
Warmmiete, die, -n	3	D	1a	Wolke, die, -n	13	B	1a
warten	6	A	1b	wollen	7	A	1a
Wartenummer, die, -n	11	C	1c	Wörterbuch, das, "-er	2	B	1a
Warteraum, der, "-e	11	AT		wunderbar	14	A	5
was	1	C	4a	Wunsch, der, "-e	6	B	1c
Waschbecken, das, -	3	B	1b	Wurst, die, "-e	6	AT	1
Waschmaschine, die, -n	3	A	3a	Wurstplatte, die, -n	6	D	1a
Wasser, das, Sg.	6	AT	1				
Wasserlabyrinth, das, -e	13	D	1a				
Wasserweg, der, -e	13	D	1a				

Z

wechseln	7	A	1a	Zahl, die, -en	1	D	
Weg, der, -e	9	AT		zahlen	8	B	1a
weg|fahren	5	B	4a	zählen	13	A	4a
weh|tun	8	A	4a	Zahnarzt/-ärztin, der/die, "-e/-nen	7	C	5
weiblich	11	A	1b	Zahnarzttermin, der, -e	5	D	1b
Wein, der, -e	6	AT	1	Zahnbehandlung, die, -en	8	B	1a
weiß	3	A	4a	Zahnbürste, die, -n	8	D	2
Weißbrot, das, -e	6	B	3a	Zahnkontrolle, die, -n	8	B	1a
weit	9	B	1a	Zahnpasta, die, Sg.	8	D	2
weiterfahren	9	C	2b	Zahnschmerzen, die, Pl.	8	AT	2
welcher, -s, -e	12	A	5a	Zeit, die, -en, (hier: Zeit haben)	4	B	3
wem	11	B	3a	Zeitung, die, -en	5	B	1a
wenig	8	A	5	zentral	3	D	2
wer	1	A	2a	Zentralheizung, die, -en	3	D	3
Werkstatt, die, "-en	7	AT	2	Zimmer, das, -	3	D	1a
Westen, der, Sg.	13	B	2a	Zoo, der, -s	9	B	1a
Wetter, das, Sg.	13	B		zu (1): Sie fährt zum Supermarkt.	7	C	1a
Wetterkarte, die, -n	13	B	2a	zu (2): zu lang, zu kurz	12	B	5a
wichtig	10	C	1a	zu Fuß	9	AT	1
wie	1	AT		zu Hause	4	A	2
Wie bitte?	1	B	3	Zucker, der, Sg.	6	A	1a
wie viele	2	B	5	zuerst	4	B	4c
wieder	8	D	1a	Zug, der, "-e	5	A	4b
Wiese, die, -n	13	AT	1	zuletzt	10	C	4a
willkommen	1	AT		zurück	6	B	1c
Wind, der, -e	13	B	1a	zurück|kommen	13	A	4a
windig	13	B	1a	zusammen	5	D	1b
Winter, der, Sg.	13	B	4a	Zwiebel, die, -n	6	AT	1
Winterjacke, die, -n	12	B	1b	zwischen	6	D	1a
Winterschlussverkauf, der, Sg.	12	A	3b				
wirklich	3	B	1a				
wissen	7	A	1a				
wo	1	C	5a				
Woche, die, -n	5	C					
Wochenende, das, -n	4	B	3				
woher	1	AT	2				
wohin	5	B	4a				

Unregelmäßige Verben

Die Liste enthält alle unregelmäßigen Verben aus **PLUSPUNKT DEUTSCH** – *Leben in Deutschland*.

Infinitiv	Präsens er/es/sie/man	Perfekt er/es/sie/man
abbiegen	biegt ab	ist abgebogen
abfahren	fährt ab	ist abgefahren
abgeben	gibt ab	hat abgegeben
anerkennen	erkennt an	hat anerkannt
anfangen	fängt an	hat angefangen
anhalten	hält an	hat angehalten
ankommen	kommt an	ist angekommen
annehmen	nimmt an	hat angenommen
anrufen	ruft an	hat angerufen
anziehen	zieht an	hat angezogen
aufstehen	steht auf	ist aufgestanden
ausfallen	fällt aus	ist ausgefallen
ausgehen	geht aus	ist ausgegangen
aussehen	sieht aus	hat ausgesehen
beginnen	beginnt	hat begonnen
bekommen	bekommt	hat bekommen
beraten	berät	hat beraten
bleiben	bleibt	ist geblieben
bringen	bringt	hat gebracht
einladen	lädt ein	hat eingeladen
einschlafen	schläft ein	ist eingeschlafen
eintragen	trägt ein	hat eingetragen
essen	isst	hat gegessen
fahren	fährt	ist gefahren
fernsehen	sieht fern	hat ferngesehen
finden	findet	hat gefunden
fliegen	fliegt	ist geflogen
geben	gibt	hat gegeben
gefallen	gefällt	hat gefallen
gehen	geht	ist gegangen
gießen	gießt	hat gegossen
haben	hat	hat gehabt
heißen	heißt	hat geheißen
helfen	hilft	hat geholfen
herunterladen	lädt herunter	hat heruntergeladen
kennen	kennt	hat gekannt
kommen	kommt	ist gekommen
laufen	läuft	ist gelaufen

Infinitiv	Präsens er/es/sie/man	Perfekt er/es/sie/man
leidtun	tut leid	hat leidgetan
lesen	liest	hat gelesen
liegen	liegt	hat gelegen
losfahren	fährt los	ist losgefahren
messen	misst	hat gemessen
mitbringen	bringt mit	hat mitgebracht
mitkommen	kommt mit	ist mitgekommen
mitnehmen	nimmt mit	hat mitgenommen
mögen	mag	hat gemocht
nachsehen	sieht nach	hat nachgesehen
nehmen	nimmt	hat genommen
nennen	nennt	hat genannt
reinkommen	kommt rein	ist reingekommen
riechen	riecht	hat gerochen
scheinen	scheint	hat geschienen
schlafen	schläft	hat geschlafen
schreiben	schreibt	hat geschrieben
schwimmen	schwimmt	ist geschwommen
sehen	sieht	hat gesehen
sein	ist	ist gewesen
sitzen	sitzt	hat gesessen
sprechen	spricht	hat gesprochen
stattfinden	findet statt	hat stattgefunden
stehen	steht	hat gestanden
streiten	streitet	hat gestritten
tragen	trägt	hat getragen
treffen	trifft	hat getroffen
trinken	trinkt	hat getrunken
überweisen	überweist	hat überwiesen
umsteigen	steigt um	ist umgestiegen
umziehen	zieht um	ist umgezogen
unterschreiben	unterschreibt	hat unterschrieben
vergessen	vergisst	hat vergessen
verstehen	versteht	hat verstanden
wegfahren	fährt weg	ist weggefahren
wehtun	tut weh	hat wehgetan
wissen	weiß	hat gewusst
zurückkommen	kommt zurück	ist zurückgekommen

Bildquellen

Cover Cornelsen Schulverlage, Hugo Herold – **U2** Cornelsen Schulverlage, Dr. Volker Binder – **S. 3** unten: Badge Apple-Store: Apple Inc. – IP & licensing; Badge Google App-Store: Google Ireland ltd. – **S. 4** 1 + 2 + 4 + 7: Cornelsen Schulverlage, Hugo Herold, 3: Fotolia, ArTo; 5: Shutterstock, Eugenio Marongiu; 6: Shutterstock, Bauer Alexander – **S. 6** 8: Shutterstock, StockLite; 9: ClipDealer, Axel Bueckert; 10: Shutterstock, william casey; 11: Bundesagentur für Arbeit; 12: Fotolia, Gina Sanders; 13: picture-alliance / ZB / euroluftbild; 14: Cornelsen Schulverlage, Hugo Herold – **S. 83** 1: Fotolia/CandyBox Images 2012; 2: Shutterstock/Michal Kowalski; 3: Clip Dealer/ CandyBox Images 2012; 4: Shutterstock/Alexander Raths; links Schilder: ClipDealer/Rob Stark – **S. 84** 1 b unten: Fotolia/creative studio; 1b oben: Fotolia/Peter Atkins; 3a: Shutterstock/Voronin76 – **S. 85** Shutterstock/ StockLite – **S. 86** A: Fotolia/Alexander Raths; B: BARMER; C: Fotolia/Zerbor; D: Fotolia/Tatjana Balzer; E: Fotolia/Alexander Raths – S. 87 Cornelsen/Hugo Herold Fotokunst – **S. 89** 1a 1: Shutterstock/Dmitry Kalinovsky, 2: Shutterstock/Monkey Business Images – **S. 90** 1: BARMER; 2: Fotolia/Tatjana Balzer; 3: Fotolia/fotoo / Mit Genehmigung der ABDA - Bundesvereinigung Deutscher Apothekerverbände e.V.; 4: ClipDealer/Rob Stark; 5: Fotolia/Alexander RathsM; 6: Fotolia/nikesidoroff – **S. 91** 5: Shutterstock/eurobanks; 7a: Cornelsen Björn Schumann – **S. 93** Mitte: TopicMedia Service/imageBROKER/Karl-Heinz Spremberg;– **S. 93** rechts von oben nach unten: 1: Fotolia- lassedesignen, 2: Deutsche Bahn AG/Ralf Kranert, 3: Münchner Verkehrsgesellschaft (MVG)/Wolfgang Wellige, 4: Fotolia/acnaleksy; – **S. 93** unten von links nach rechts: 1: Fotolia/thomaslerchphoto, 2:Fraport AG, 3: Deutsche Bahn AG/Uwe Miethe – **S. 94** 1a 1: Fotolia/ Schlierner; 1a 2: Fotolia/Radu Razvan; 3 1: Clip Dealer/ Harald Fila, 2: Fotolia/ChiccoDodiFC, 3: Clip Dealer/cleo, 4: Fotolia/connel_design, 5: Fotolia/xy – **S. 95** 1a: Clip Dealer/Axel Bueckert; 2 1: Fotolia/lagom, 2: Fotolia/ Kaubo, 3: Fotolia/djama / Mit Genehmigung der Hamburger Verkehrsverbund GmbH – **S. 97** oben: Shutterstock/Monkey Business Images; unten: Cornelsen/ zweiband.media – **S. 98** rechts: Fotolia/Kaesler Media; links: Bundesdruckerei GmbH – **S. 99** unten: Fotolia/Dasharosato – **S. 100** 1: Fotolia/thomaslerchphoto; 2: Fotolia/herl; 3: Fotolia/Claudio Divizia; 4: Fotolia/Kramografie; 5: Fotolia/Daniel Hohlfeld; 6: Shutterstock/Art Konovalov; 7: Deutsche Bahn AG/Uwe Miethe; 8: Fotolia/connel_design; 9: Münchner Verkehrsgesellschaft (MVG)/Wolfgang Wellige; 10: Fotolia/BirgitMundtOsterwiec – **S. 101** links: Cornelsen/Björn Schumann; rechts: Cornelsen/Björn Schumann – **S. 103** 1: Shutterstock/ESB Professional; 2: Fotolia/Frank Wagner, 3: Shutterstock/ william casey; 4: Shutterstock/PureSolution; 5: Shutterstock/racorn; 6: Shutterstock/Jill Chen – **S. 105**: Fotolia/ Robert Kneschke – **S. 106** 1: Fotolia/Gina Sanders; 2: Shutterstock/Niki Crucillo – **S. 107** 3: Schloß Schönbrunn Kultur- und BetriebsgesmbH/Alexander E. Koller; 4: Shutterstock/In Tune – **S. 108** oben: Shutterstock/Palmer Kane LLC, 1: Shutterstock/CREATISTA; 2: Fotolia/Kalinovsky Dmitry; 3: Fraport AG; 4: Shutterstock/Alexander Raths – **S. 109** Cornelsen/Hugo Herold Fotokunst – **S. 110** oben: Shutterstock/Iurii Osadchi; unten: Shutterstock/Mopic – S. 111 3 1: Cornelsen/Hugo Herold Fotokunst, 2: Fotolia/Barbara Pheby, 3: Shutterstock/saaton 5a: Cornelsen/Björn Schumann – **S. 113** oben links: Bundesagentur für Arbeit; oben rechts: Fotolia/DRON_FOTO; unten links: Fotolia/kathrinm; unten Mitte: Bundesagentur für Arbeit; unten rechts: Fotolia/stockphoto-graf – **S. 115** 2b: Shutterstock/Marc Osborne; 3 A: Fotolia/ehrenberg-bilder, B: Fotolia/Yannick D, C: Fotolia/ChantalS, D: Fotolia/cabania – **S. 116** 1 1: Clip Dealer/Harald Fila, 2: Clip Dealer/ArTo, 3: Fotolia/Jürgen Fälchle, 4: Clip Dealer/ArTo; 2a: Shutterstock/Monkey Business Images – **S. 117**: Cornelsen/Hugo Herold Fotokunst – **S. 118** Clip Dealer/Erwin Wodicka – **S. 119** 1 A: Fotolia/PhotographyByMK, B: Bundesministerium des Innern, C: ClipDealer/Bernd Leitner, D: Fotolia/VRD; 3 1: Fotolia/Leonardo Franko, 2: Fotolia/Leonardo Franko, 3: Clip Dealer/ArTo, 4: Fotolia/Leonardo Franko – **S. 121** Cornelsen/Björn Schumann – **S. 122** Shutterstock/Marc Osborne – **S. 123** oben: Cornelsen/Hugo Herold Fotokunst; unten: Cornelsen/Hugo Herold Fotokunst – **S. 124** Würfel: Shutterstock/Sasa Komlen; Geld: Shutterstock/kaarsten – **S. 125** links: Shutterstock/Kamenetskiy Konstantin; rechts: Shutterstock/Kamenetskiy Konstantin – **S. 126** oben: Shutterstock/Dmitry Kalinovsky – **S. 127** 3a 1: Shutterstock/Olaf Speier, 2: Fotolia/Gina Sanders, 3: Shutterstock/taboga, 4: Fotolia/Kirill Zdorov, 5.1: Fotolia/Alexandra Karamyshev, 5.2: Fotolia/Alexandra Karamyshev, 5.3: Fotolia/lalouetto, 5.4: Fotolia/iroto123, 5.5: Fotolia/Alexandra Karamyshev, 5.6: Shutterstock/Roberto Castillo, 5.7: Fotolia/TrudiDesign, 5.8: Shutterstock/Maksym Dykha, 5.9: Shutterstock/iceink, 6: Fotolia/Nicu MIRCEA; 4a 1: Fotolia/Africa Studio, 2: Fotolia/BEAUTYofLIFE, 3: Fotolia/Cobja, 4: Fotolia/BEAUTYofLIFE – **S. 128** 5c Damenbekleidung: 1: Fotolia/Alexandra Karamyshev, 2: Fotolia/Alexandra Karamyshev, 3: Fotolia/lalouetto, 4: Fotolia/iroto123, 5: Fotolia/Alexandra Karamyshev, 6: Shutterstock/Roberto Castillo, 7: Fotolia/TrudiDesign, 8: Shutterstock/Maksym Dykha, 9: Shutterstock/iceink – **S. 128** 5c Herrenbekleidung: 1: Shutterstock/ Karkas, 2: Fotolia/macau, 3: Fotolia/BEAUTYofLIFE, 4: Shutterstock/kocetoiliev, 5: Shutterstock/Petr Malyshev, 6: Shutterstock/Barghest, 7: Shutterstock/K N – **S. 130** 1: Fotolia/cedrov; 2: Fotolia/RTimages; 3: Fotolia/cedrov; 4: Clip Dealer/Mile Atanasov – **S. 132** 1: Shutterstock/terekhov igor; 2: Fotolia/Alexandra Karamyshev; 3: Fotolia/Henry Schmitt; 4: Clip Dealer/Michael Biehler; 5: Shutterstock/Lucy Liu; 6: Fotolia/Simone Andress– **S. 133** 1: Fotolia/rodrusoleg; 2: Fotolia/Alexandra Karamyshev; 3: Fotolia/Akova; 4: Fotolia/Henry Schmitt; 5: Fotolia/tawesit; 6: Fotolia/siraphol; 7: Clip Dealer/Mile Atanasov; 8: Fotolia/Khvost; unten: Cornelsen/Björn Schumann – **S. 135** links: picture alliance/euroluftbild.de/Gerhard Launer; rechts oben: Fotolia/Wolfilser; rechts unten: Clip Dealer/Thorsten Schier – **S. 136**: Deutsche Bahn AG/Hartmut Reiche – **S. 137** 1: Shutterstock/travelpeter; 2: Shutterstock/Arnon Polin; 3: Interfoto/imageBROKER/Alexander Schnurer; 4: Shutterstock/rj lerich; Mitte: Fotolia/Günter Menzl – **S. 138** A: Fotolia/Brian Jackson; B: Fotolia/ARochau; C: ClipDealer/Torsten Rempt; D: Shutterstock/ArtmannWitte; E: Clip Dealer/Erwin Wodicka; Wettersymbole: Shutterstock/Snamenski; Karte: Fotolia/Mirscho; Kompass: Fotolia/lockstoff – **S. 139** oben rechts: Shutterstock/CURAphotography; Mitte rechts: Fotolia/Katja Wickert; Mitte links: Clip Dealer/cleo – **S. 140** 1a: Shutterstock/GoodMood Photo; 2b: Cornelsen/Hugo Herold Fotokunst – **S. 141** 1: Shutterstock/Fotokostic; 2: Fotolia/AVAVA; 3: Shutterstock/SergiyN – **S. 142** 1: Fotolia/Tyler Olson; 2: Shutterstock/IM_photo – **S. 143** Cornelsen/Björn Schumann – **S. 145** Cornelsen/Hugo Herold Fotokunst – **S. 146**: Cornelsen/Hugo Herold Fotokunst – **S. 147** 4a: Shutterstock/stockcreations; 5: Cornelsen/Hugo Herold Fotokunst – **S. 148** 1b: Cornelsen/Hugo Herold Fotokunst; 2b: Fotolia/eyetronic – **S. 152** 1: Shutterstock/Len44ik; 2: Mauritius Images/PhotographyByMK; 3: Shutterstock/hxdbzxy; 4+5: Cornelsen/Hugo Herold Fotokunst; – **S. 152** 6: Shutterstock/arek_malang – **S. 153** 3b: Shutterstock/Claudio Divizia; 5a: Cornelsen/Björn Schumann – **S. 155** 1a: Fotolia/contrastwerkstatt; 1b: Fotolia/Minerva Studio; 3: Fotolia/michaeljung; 4: Fotolia/Thomas Reimer; 5: Bundesagentur für Arbeit; 7: Deutsche Bahn AG/Hartmut Reiche; 8: Cornelsen/Hugo Herold Fotokunst – **S. 157** 1: Fotolia/nandyphotos; 2: Shutterstock/PR Image Factory – **S. 158** 1: Cornelsen/Hugo Herold Fotokunst; 2: Fotolia/Barbara Pheby; 3: Shutterstock/saaton – **S. 163** Bundesagentur für Arbeit – **S. 166** Cornelsen/Björn Schumann – **S. 167** Cornelsen/Björn Schumann – **S. 168** Cornelsen/Björn Schumann – **S. 169** Cornelsen/Björn Schumann – **S. 170** Cornelsen/Björn Schumann – **S. 171** Cornelsen/Björn Schumann – **S. 172** Cornelsen/Björn Schumann – **S. 202** Cornelsen/Volkhard Binder

Notizen

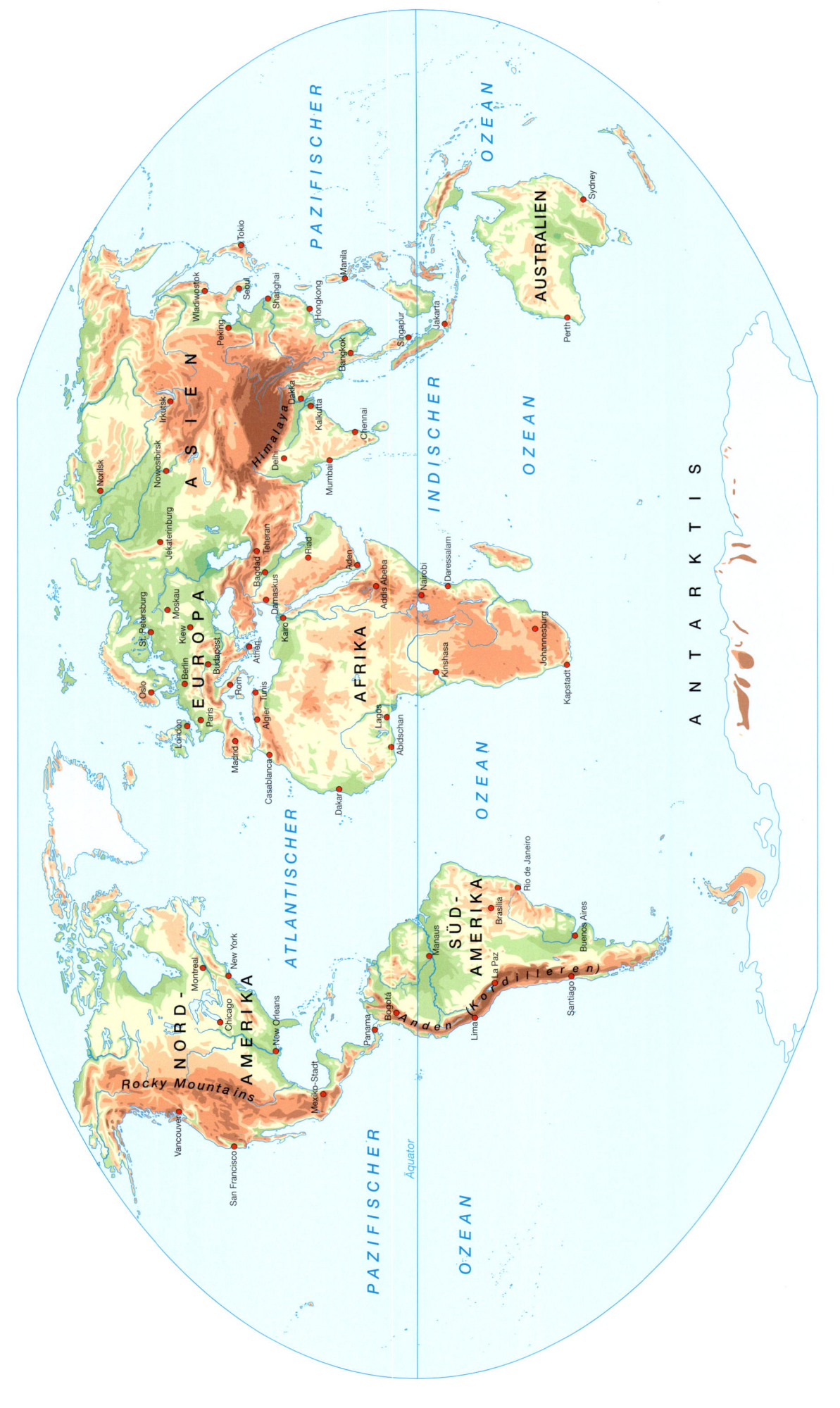